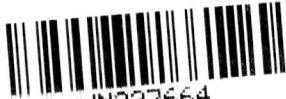

グロービスMBAキーワード

図解

ビジネスの基礎知識50

知っていると差がつく
ワンランク上のセオリー

グロービス＝著
嶋田 毅＝執筆

ダイヤモンド社

はじめに

本書は、2015年11月にダイヤモンド社より発売され、好評を得た『グロービスMBAキーワード　図解 基本フレームワーク50』の姉妹編、続編にあたる1冊です。

経営大学院（ビジネススクール）で教えられている、あるいはビジネスシーンで多く用いられているさまざまなビジネス用語の中から、一般のビジネスパーソンにとっても重要かつ有用と思われるものを50個ピックアップして解説しました。

基礎知識といっても「ROE」や「KPI」といった超基本コンセプトを解説するのではなく、本書では主に「法則」や「メカニズム」とでもいうべき、知っておくと役に立つ原理を中心に解説をしています。

実は、我々ビジネスパーソンは、意識していなくても、こうした法則、メカニズムの中で仕事をしています。人は褒められれば機嫌がよくなるけれど、貶されると気分を害するといった簡明なものであれば、改めて書籍を読んで勉強しなくても、過去の経験や一般常識から、そうした法則やメカニズムに沿った適切な行動をとることは比較的容易でしょう。

しかし、中には過去の経験からだけでは簡単に一般化したり、自分の武器として用いることができないものも存在します。

たとえば、本書の150ページで解説する「返報性」は人を動かす上で極めて強力な武器になります。しかし、これをしっかり理解し効果的に活用している人間は、筆者の知る限りあまり多くはありません。

あるいは226ページで紹介する「マジックナンバー4±1」も非常に有効な考え方ですが、多くの人はこれを知らず、あまりに多くのことを同時に人に伝えようとしてしまって、効率性の低いコミュニケーションに終始しています。

こうしたことを、その原理の理解も含めて的確に用いているビジネスパーソンと、それを知らず、場当たり的なアクションをとっている人間では、長い目で見て、パフォーマンスに大きな差が出るのは言うまでもないでしょう。

ビジネスリーダーを志すのであれば、そうした「知っておくべきビジネスの理（ことわり）」を正しく理解し、武器にすることが必須なのです。

本書で紹介するビジネス用語は、経営学者や心理学者がアカデミックなサーベイに基づいて提唱したものもあれば、ビジネスの現場で経験則として定着したものもあります。いずれにせよ、どれも「先人の知」が詰まったものです。

『グロービスMBAキーワード　図解 基本フレームワーク50』の「はじめに」でも書いたことですが、先人の知恵を活用するのと、ゼロベースで一から考えるのでは、スピードや効率性に格段に差が出てしまいます。

本書で取り上げたビジネス用語は、そのほとんどが長年の実証にも耐え、その有効性が認められたものです。ぜひこうした先人の知恵をうまく活用してほしいと思います。

注意が必要なのは、ビジネスに関する法則や傾向、メカニズムは、普遍性が高いとはいえ、100%常に当てはまるわけではないということです。先述した「人は褒めると機嫌がよくなる」ですら、当てはまらないケースは存在します。

さまざまなことがらには当然それが機能する前提や、例外が存在します。それを理解した上で使いこなすことが、ビジネスリーダーには必要なのです。この点は重要ですので、ぜひ強く意識していただければと思います。

本書の構成

さて、本書の構成ですが、『グロービスMBAキーワード　図解基本フレームワーク50』同様、なるべく連関性が強いものを近くに配するという体裁をとりました。

具体的な章立ては以下のようになります。必ずしもMBAの科目体系とは合致しない部分もありますが、極力それに近づける努力はしています。

1章　経営戦略編
2章　統計・エコノミクス編
3章　マーケティング編
4章　組織マネジメント編
5章　人の行動原理編（影響力の武器）
6章　人間心理編
7章　その他上級編

各用語の説明は見開き4ページとし、必ず図表を2つ（見開き2ページに1つずつ）つけることにしました。1つ目の図表は用語そのものの紹介、2つ目の図表は関連するフレームワークや実例などを紹介しています。

また、それぞれの用語紹介の冒頭に、簡単な定義を載せた上で、「習得必須度」「有効性」「応用性」「理解容易度」「実践容易度（もしくは回避容易度）」のレーティング（5点満点）を図示しました。

それぞれの意味合いは以下です。

習得必須度：ビジネスリーダーなら知っておくべき度合い。一部の人間だけが知っていればいいというものではないという意味合いを含みます

有効性：その考え方が実務でどのくらい役に立つか

応用性：ある特定の場面だけではなく、いろいろな場面に使える度合い

理解容易度：用語そのものの理解のしやすさ。一般のビジネスパーソンがすぐにわかるか、あるいは、他人にうまく説明できるか、といった意味合いです

実践容易度（もしくは回避容易度）：ビジネスシーンにおいてその考え方を適切に使いこなすことがどのくらい容易かということです。悪い傾向のものについては、それを回避することの容易さを示しました。項目ごとに使い分けていますので注意してください

レーティングは筆者のビジネス経験や、長年クラスで教えてきた実感値から行っています。あくまで筆者の主観ではありますが、1つの参考にしてください

各項目の本文は、基本を知るということで、まずは「活用／意識すべき場面」や「考え方」を紹介しています。その上で、事例を紹介することで理解を深めていただき、最後に注意点やコツを紹介するという構成になっています。

本書は、個人的に昔から一度整理し、書いてみたい書籍の1つでした。「ビジネスパーソンであれば知っている方がいいのに、意外に知られていない法則や傾向、メカニズムが多い。ビジネスパーソンの生産性を上げる上でもったいない」という強い問題意識があっ

たからです。

その意味で、今回、本書を世に問うことができたことは、個人的に大きな喜びですし、「やるべき仕事を一つ終えることができた」という思いを強く抱いています。

最後になりますが、本書を執筆する機会を与えていただくとともに有益なアドバイスをいただいたダイヤモンド社第一編集部の真田友美さん、山下覚さん、木山政行副編集長に感謝申し上げます。また、有益なアドバイスをいただいた同僚諸氏に感謝したいと思います。

グロービス出版局長　嶋田 毅

目　次

5章　人の行動原理編（影響力の武器）　147

6章　人間心理編　175

1章

経営戦略編

1 章で学ぶこと

本章では、経営戦略の立案やその実行に関して重要な意味を持つ４つの事業経済性と、２つの乗り越えるべき課題を紹介します。

経営戦略という分野は、誤解を恐れずに言えば、突き詰めればコストの問題、さらに言えば事業経済性の問題に帰着します。もちろん、差別化という戦い方もありますが、真似のできない差別化はどんどん減っています。そうなると、結局は事業経済性を活かしてコストダウンをすることが、一番わかりやすく模倣しにくい勝ち方となるのです。スキー競技で「重力の法則」という武器をうまく利用するのとしないのとでは大きな差が出るように、企業にとっても事業経済性をうまく活用することが競争優位性に繋がるのです。

最初の**規模の経済性**は、大きい方が有利という非常にシンプルな法則です。しかし、シンプルであるからこそ、その破壊力は抜群です。**習熟効果**は特に製造業において重要な意味を持ちます。発見されてから50年程度たちますが、いまでも非常に有効な考え方です。「学習」という観点が入っている点が、古くて新しい論点を含んでいると言えます。**範囲の経済性**はいわゆるシナジーを活かすということと基本的には同義です。しかし、その意味を経済性という観点から正しく理解している人は多くありません。ぜひその関係を正しくつかんでください。

ネットワーク経済性（ネットワーク外部性）は、ITがビジネスの中心に躍り出てきた昨今、その意義はますます大きくなってきています。特にネットビジネスに携わっていらっしゃる方には必修項目と言えるでしょう。

これに続くのが、戦略上、乗り越えるべき２つの課題です。**トレードオフ**は、「あちら立てればこちら立たず」というシンプルな考え方ですが、実は奥行きの深いメカニズムです。これに接した時にどのような行動をとるかは、その人間や企業の意識が大きく反映される試金石となるのです。

ボトルネックも効果的に戦略を実行する上で理解すべき要素です。これが解消されないと、他のあらゆる努力は無駄になってしまうからです。戦略的なものの見方や思考がその解消には必要となります。

本章で紹介する考え方は、戦略理解の基本中の基本です。ぜひしっかりと理解していただければと思います。

1 規模の経済性

事業規模（一般には売上高を用いる）が増すと、製品1単位当たりの製造コストや提供コストが低減すること。規模効果、スケールメリットなどとも言う。

分野 ▶ 経営戦略、エコノミクス

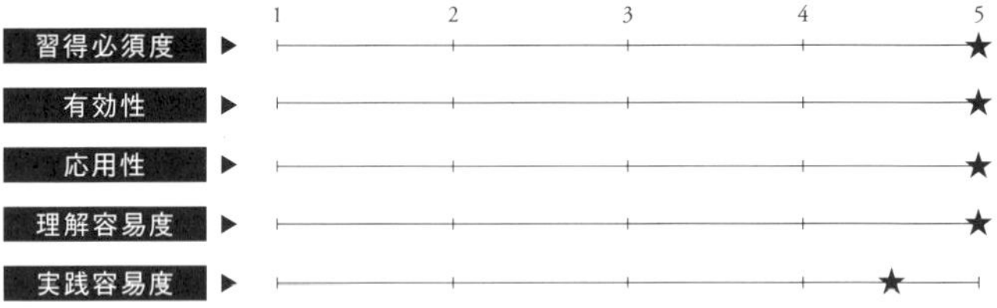

基礎を学ぶ

活用／意識すべき場面

- 競合のコストを試算し、競争戦略立案に活かす
- M&Aなどによるコスト低減を予測し、成長戦略立案に活かす
- ある規模でのコストを推定することで、価格設定に活かす

考え方

規模の経済性は主に2つの要因から生じます。1つは固定費の分散、もう1つは変動費、特に1個当たり仕入れコストのボリュームディスカウントによる低減です。製造業では主に前者を意識しますが、流通業などでは後者を強く意識します。とは言え、片方だけが効くということは普通は少なく、それぞれの効き方に差が出ると考えるとよいでしょう（狭義の規模の経済性は固定費の分散のみを指すこともあります）。

固定費が分散することで規模の経済性が強く働く業界の典型例としては多品種を扱っていない製造業があります。具体的には製薬業

図表1-1 規模の経済性

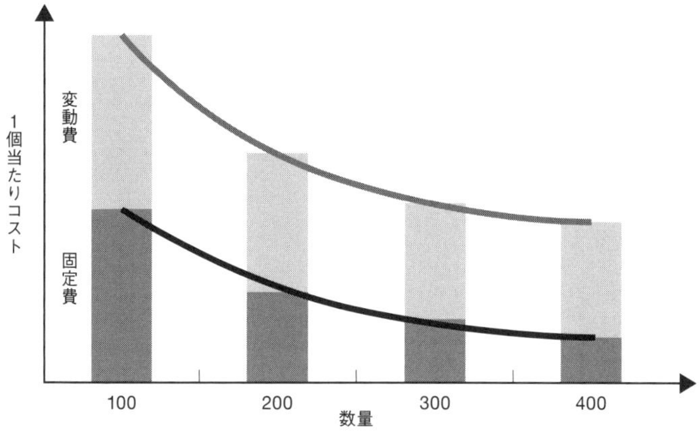

界などです。そうした製造業の主な固定費はR&Dと生産設備、そして営業の人件費です。

製薬業界を例にとると、営業（MR）の人件費は稼働率が同程度であれば規模が多少違ってもそれほど大きな差は出ないことが多いのですが、特にR&Dに関しては大きな差が出やすくなります。莫大な固定的投資を必要とし、かつ、売上げが大きかろうが小さかろうがその額はあまり変わらないからです。同じ1000億円のR&D費がかかった場合、売上げが3000億円と3兆円のケースでは、製品1単位に配賦されるコストはそれぞれ33.3%と3.3%と大きな差が出ることになります。それゆえ、製薬業界では、世界中でM&Aが起こり、企業規模を大きくする取り組みが行われているのです。

後者の仕入れコスト低減の例としては、家電量販店が典型的です。たとえば業界トップのヤマダ電機は、その圧倒的な販売量を武器に、メーカーから多額の販売リベートを引き出し、コストの低減を図っています。セブン－イレブンなどを擁するセブン＆アイ・グループやイオングループも、規模に裏付けられたバイイングパワーを武器に、他の小売グループに対して安い仕入れ価格を享受しています。

なお、企業が規模を拡大すると、優秀な人材の獲得で有利になったり、会社全体としてリスク耐性が増したり（たとえば、1つの案件や支社が失敗したくらいではつぶれない）、ビジネスの機会が増えたりもします。これらの要因も企業が会社規模を大きくする動機となりますが、一般にはこれらは規模の経済性には含めません。

なお、通常は規模が拡大すると程度の差こそあれ単位当たりのコストは下がるものですが、時折「規模の不経済性」が生じることもあります。

これは、規模化によるコスト低減以上に、コミュニケーションや調整の手間暇が増したりすることで、かえって単位当たりのコストが増す現象です。全社で共有できる固定費が少なく距離的にも離れた場所に立地するサービス業などで起こりやすい現象です。小売業などで、合併はしたものの、品数が増えすぎて管理コストがかえって増す場合にも規模の不経済性が生じることがあります。

事例で確認

規模の経済性を武器に成長を果たしている企業にイオングループがあります。特に90年代以降のデフレ期にM&Aを繰り広げ、低価格路線を追求し、顧客の支持を得ました。2015年現在ではグループの売上げは7兆円を超え、90年のおよそ5倍となっています。

近年では、「まいばすけっと」のような都市型の小規模スーパーも展開しており、価格面でコンビニを凌駕しています。費用に占める原価率は、90年の70%超から2015年には64%程度まで下がっています。低価格を実現しつつも原価率を低減させているところに、同グループのバイイングパワーの大きさを見てとることができます。

図表1-2 規模の不経済性

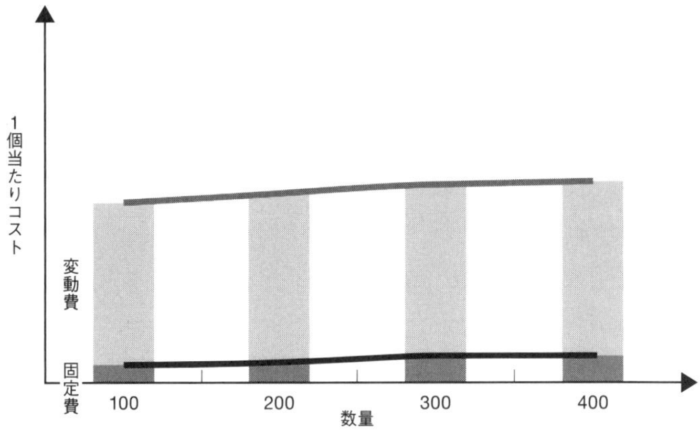

コミュニケーションコストや手間暇ばかりが増える結果、
単位当たりのコストが減らない。むしろ増大する

コツ・留意点

1 固定費の分散については、規模の経済性と稼働率の上昇による単位当たり固定費の低減の違いを峻別する必要があります。潜在的に規模の経済性が効く企業であっても、稼働率が低い状態では単位当たりの固定費の分散は実現されません。２社のコスト比較を行う際などは、本来の規模の経済性の影響と、稼働率の影響による差に注意する必要があります。

2 同じ「固定費」でも、全社や事業部といった広い範囲で共有できる固定費と、個別の店舗など狭い範囲に固有の固定費では意味合いが違います。たとえばQB ハウスは、IT 投資などを積極的に行うことで、それまで規模の経済性が効きにくかった理美容業界に規模化という戦い方を持ちこみました。とは言え、全社やエリアで共有できる固定費以上に、個店レベルの固定費が占める割合がやはり高くなっています。全社的な規模（店数）を増やしたところで、個店の稼働率が低ければ採算はとれません。言い換えれば、稼働率を見込めないロケーションでの出店は禁物なのです。QB ハウスはこの点を理解し、高稼働率が見込める店舗の出店にフォーカスしています。

2 習熟効果

累積生産量が増すほど単位当たりのコストが減少する効果。サービス業などでも観察されるが、特に製造業において顕著に見られる現象。ボストン コンサルティング グループ（BCG）が発見した。

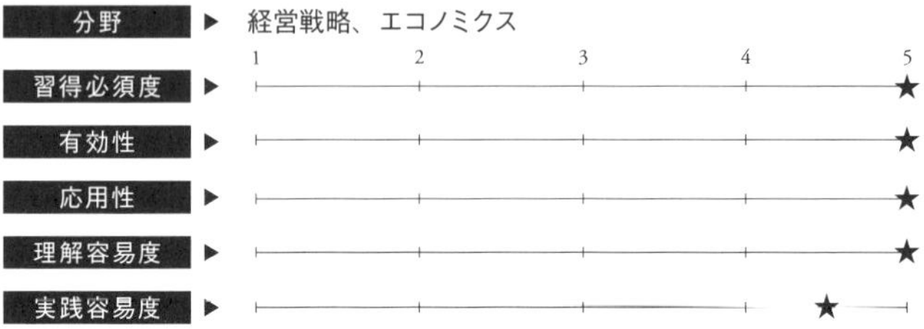

基礎を学ぶ

活用／意識すべき場面

- 競合のコストを試算し、競争戦略立案に活かす
- 自社の習熟効果（経験曲線の下がり方）を見ることで、プロセス改善などに活かす
- 将来的なコストダウンを試算することで、将来の値付け範囲を想定する

考え方

図表2-1に示したように、横軸に累積の生産量（対数目盛）、縦軸にコスト（対数目盛）をとってプロットすると、右肩下がりの直線が描けます。これを経験曲線あるいはエクスペリエンスカーブ、ラーニングカーブと呼びます（軸として対数をとったため直線となっていますが、通常の軸でプロットすると緩やかな曲線になります）。この効果そのものを習熟効果あるいは学習効果と呼びます。

なお、本来縦軸は単位当たりのコストを用いるべきですが、特に

図表2-1 習熟効果と経験曲線

例：集積回路—アメリカ

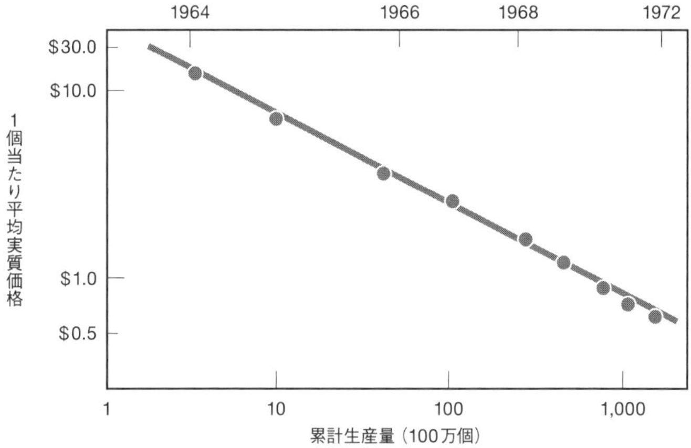

出典：ボストン コンサルティング グループ調査

ライバル企業の製品のコストを正確に見積もるのは難しいため、利益率が大きく変わらないという前提で、価格を用いて作図するケースもあります（**図表2-1** もその例です）。

習熟効果が生じる原因としては、まず、累積の生産量が増えるにしたがって、過去の経験や溜まった知見を反映して生産プロセスの効率化が進み、歩留まりや生産性が高くなることが挙げられます。

これはビジネスのさまざまな場面に当てはまることであり、例えば単純な書類のセットでも、1セット目に比べると、慣れてからは劇的に効率が増すのは、皆さんも実感されたことがあるでしょう。

また、通常、累積生産量の多い会社は上位企業であり、新技術の採用に積極的であることも効率性を増す原因となります。

またさらに、経験曲線には規模の経済性の要素も含まれています。通常、累積生産量が増すにしたがって規模も増すため、その効果も入ってくるのです。

経験曲線の傾きは、同じ業界であれば同じというわけではありません。ナレッジの蓄積や学習に熱心な会社は経験曲線の傾きが急になる一方で、そうでない会社では傾きは緩やかなものとなる傾向にあります。日本の製造業の経験曲線の傾きは、他国に比べると一般的には大きくなっています。

特に日本企業は、いわゆる擦り合わせ型製品（機能とパーツが1対1対応をしておらず、生産に当たってきめ細かな擦り合わせが必要とされる製品）の生産において強みを持つとされます。この領域での経験曲線の傾きの差異は、学習や暗黙知、地道な改善活動によるところが大きく、一朝一夕に逆転するのは難しいとされます。

ただし、劇的なイノベーションが起こるとその限りではありません。たとえば、それまで擦り合わせ型だった製品が、モジュラー型製品に代わった途端にそれまでの経験の価値が小さくなってしまうのはしばしば観察される現象です。

事例で確認

1990年代のフロッピーディスク業界では、傾きが50%という、急勾配の経験曲線が観察されました。累積生産量が倍になるとコストが半分になるということです。通常の製造業では20〜30%程度の経験曲線の傾きが一般的とされますので、かなり極端な事例と言えるでしょう。

ただし、そのフロッピーディスクもあっという間に他のメディアによって代替され、コストダウンそのものが意味を持たなくなってしまいました。製造の現場にいるとどうしても目の前の製品のコストや品質に目が行きがちですが、需要そのものが消えてしまっては、せっかくのコストダウンも意味をもちません。より高次の視点から、経営として何をなすべきかを考える必要があるのです（コツ・留意点の1参照）。

図表2-2 経験曲線の傾きの鈍化

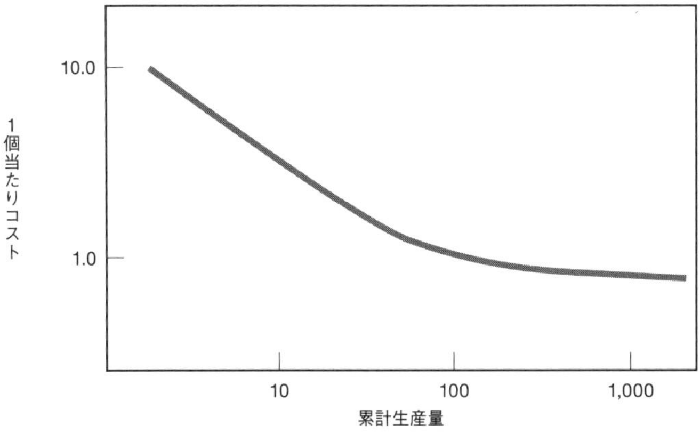

コツ・留意点

1 本文中にも述べたように、経験曲線は改善や改良、漸進的イノベーションの積み重ねの結果ともいえ、ラジカル（急進的）なイノベーションが起こると一気に「ルールが変わって」しまい、コスト競争力も一気に変化してしまう可能性がある点に注意を払う必要があります。また、製品そのものが代替品によって置き換えられると、それまでの企業努力すべてが無に帰してしまう可能性もあるのです。

2 経験曲線はいつまでも右肩下がりが続くわけではなく、いつかは終わるということを認識しておく必要があります。図表2-2に示したように、ある段階から徐々に曲線が緩やかになり、ついにはフラットになってしまうのです。コモディティ化が劇的に進んだ製品などでは、淘汰されずに業界に残った企業であれば、誰が生産しても習熟効果によるコストの差異はなく、他の事業経済性や要素コスト（人件費など）がコスト差を決めることになりがちです。製品のタイプにもよりますが、どの段階で経験曲線が効きにくくなるかを予測することが大事です。

3 範囲の経済性

異なる事業間における経営資源やノウハウの共有によるコスト低減のメカニズム。シナジーとほぼ同義である。

分野 ▶ 経営戦略、エコノミクス

	1	2	3	4	5
習得必須度 ▶					★
有効性 ▶					★
応用性 ▶					★
理解容易度 ▶					★
実践容易度 ▶				★	

基礎を学ぶ

活用／意識すべき場面

- 新規事業を行う際に既存事業との間でどのくらいの資源やノウハウが活用でき、コスト的に優位になるかを確認する
- 競合のコストを試算し、競争戦略立案に活かす
- 既存事業間で十分にシナジーが創出されているかを確認する
- 範囲の経済性が働きやすくなるような組織的施策を練る

考え方

規模の経済性が、同一事業の拡大による固定費の分散やバイイングパワーの向上を指していたのに対し、範囲の経済性は、異なる事業間で経営資源やノウハウが共用できることによる同様の効果を指します。

たとえば生理用品と使い捨てオムツという事業は、基本的に吸水体技術という同じコア技術を用いており、また生産技術や原料の仕入れなどもかなりの部分が共有可能です。売り場も比較的近接して

図表3-1 範囲の経済性

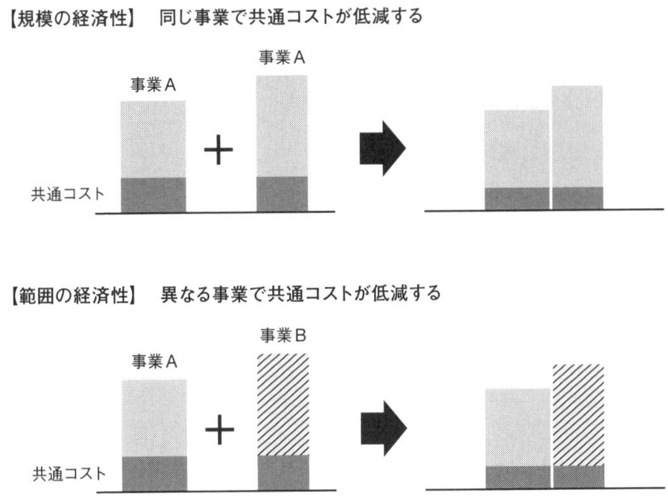

いることから、営業や配送の資源もある程度は共有できます。

したがって、吸水体のR&Dに関わる研究者の人件費や配送員の人件費といった固定費を2つの事業の間で分散させることができますし、吸水体や繊維などの原材料の仕入れに関しても、2つの事業を展開することで強めることが可能です。

別の言い方をすると、仮に同じ規模で使い捨てオムツ事業を展開している会社があるとすると、使い捨てオムツ事業だけをやっている企業に比べ、生理用品事業も同時展開している企業の方が範囲の経済性が効く分、コスト優位に立てるのです。

事実、日本においては、生理用品事業と使い捨てオムツ事業は、上位3社は多少順位やシェアの差はあるものの、ユニ・チャーム、花王、P&Gが占めています。

範囲の経済性は、シナジーとほぼ同義です。シナジーは、「1＋1が3になる」などと表現されることがありますがが、範囲の経済性は、「1と1のコストを足しても1.5のコストにしかならない」と言い換えることができます。表現は違いますが、その趣旨は、結局は同じこととなります。

シナジーにはさまざまなタイプがありますが、その典型例を**図表3-2**に示しました。結局は多数の事業を展開することで、コストや投資といった金銭的負担を分散させていることがお分かりいただけるでしょう。

事例で確認

範囲の経済性を活かして事業展開を行った企業にセブン銀行があります。セブン銀行はセブン&アイ・グループの銀行ですが、通常の銀行とは異なり、収益の源泉は貸出しによる金利収入ではなく、手数料収入です。つまり、他の銀行のATMが閉じているときにでもユーザーがお金を下ろせる状態にすることで便益を提供し、提携金融機関から手数料を得るというビジネスモデルです。

当然ながら、このビジネスにおける重要なポイントはATMの設置台数となります。それこそがユーザーや金融機関にとっての利便性につながるからです。そしてセブン銀行のATMは2015年現在で概ね2万台となっています。その多くが、全国に1万6000店舗あるセブン-イレブンに設置されているのはご存じのとおりです。

これをもし24時間安心して使える外部に置こうとしたらかなりのコストになったでしょう。仮に、1台当たり追加のコストが数十万円単位でかかるとしたら、非常に多額の追加投資が必要ということになってしまいます。セブン銀行は、セブン-イレブンの店舗網を最大限に活用することで、そうした投資を削減することができたのです。また、セブン-イレブンの店舗からすると、ATMがあることで立ち寄るお客さんもいるでしょうから、そうした顧客のついで買いというメリットを得ているという側面もあるのです。

図表3-2 シナジーのタイプ

生産シナジー	経営シナジー
工場設備や原材料の共有	人材や経営ノウハウの共有
投資シナジー	**販売シナジー**
技術やブランドの共有	流通チャネルや物流網の共有

出典：H.イゴール・アンゾフ『アンゾフ戦略経営論』（中央経済社）

コツ・留意点

1 範囲の経済性は、往々にして「とらぬ狸の皮算用」となってしまい、実際には効かなかったという例が散見されます。バイイングパワーの向上については、売上げさえ立てばそれほど大きな見込み違いは起こらないのですが、固定費となる費用や投資がどの程度共有化されて分散されるのかを事前に正確に見積もるのは難しいものです。たとえば、ある金融機関では、営業担当者に他社商品の販売もしてもらうことで手数料収入を得ようとしましたが、営業担当者の商品知識の勉強が追いつかず、その時はほとんど範囲の経済性は得られなかったということです。

2 範囲の経済性は効くにこしたことはありませんが、新規事業などを立ち上げる際に、過度にそれに頼りすぎ、慢心してしまうと、ビジネスそのものが競合に負けてしまうということが起こりがちです。新規事業は本来難しいものですから、「シナジーがなくても勝つ」くらいの真剣度でやらないと、多少コストで優位に立てたとしても、結局は負けてしまいます。徒競走で言えば、数メートルスタートラインを前にしてもらった程度に考えておくのが現実的でしょう。

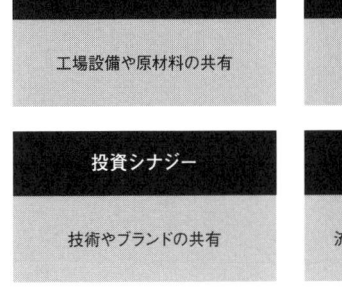

4 ネットワーク経済性（ネットワーク外部性）

SNSや電子メール、電話などのネットワーク型のサービスにおいて、他の参加者が増えれば増えるほど、個々の参加者の利便性が増す現象。ネットワーク効果とも呼ばれる。

分野 ▶ 経営戦略、エコノミクス

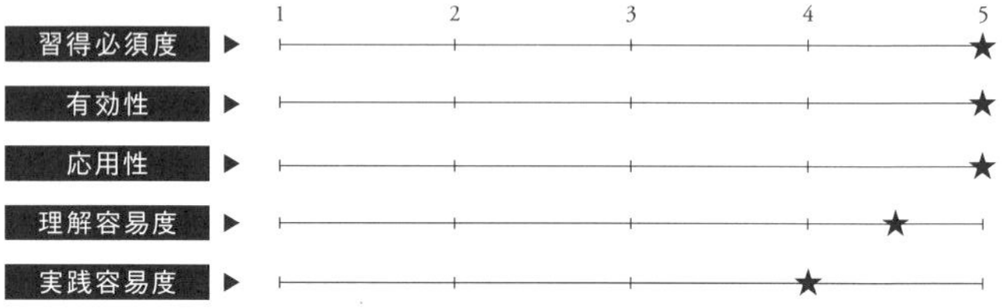

基礎を学ぶ

活用／意識すべき場面

- ITビジネスにおいて顧客に対する提供価値や課金モデルを構想するヒントにする
- ITビジネスにおいて競争優位やデファクト・スタンダード（事実上の標準）を実現できる臨界点を推定する
- その臨界点を超えるためにどのくらいのスピード感でビジネスを展開すべきかを検討する
- ベンチャー起業家などが、既存のネットワークを追い越すためにどのくらいの投資が必要かを試算する

考え方

ネットワーク経済性は、ネットワークへの参加者数そのものが価値を生む現象ということもできます。もともとは、アメリカの電話会社ベル・テレフォン社長のセオドア・ヴェイルらによって提唱されました。

図表4-1 ネットワーク経済性

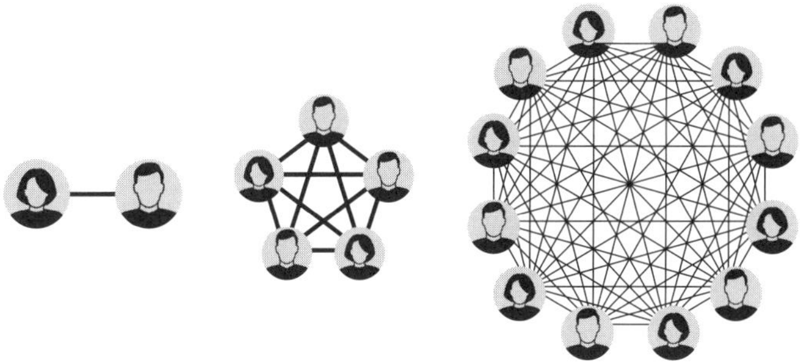

ネットワーク経済性は、サービス提供者からみると、コストは参加者数Nに比例する一方で、便益は参加者数Nの二乗に比例するなどと表現されます（**図表4-1**の連結線の数が便益を表すと考えられます）。

参加者そのものは、自分がそのネットワークの便益を上げるためにそこに参加すると意識しているわけではありません。しかし結果として、彼／彼女が新たにそこに参加することでネットワークの価値は上がっていくのです。

経営戦略では、デファクト・スタンダードやファースト・ムーバーズ・アドバンテージ（先行者利得）をとることの重要性を説明したり、最大規模のプラットフォームを構築することの意義などを説明したりするときに使われます。

なお、ネットワーク経済性には正のフィードバックと負のフィードバックがありますが、経営で特に重視されるのは正のフィードバックです。これは、参加者が増す → 利便性が上がる → ますま

す参加者が増える → ますます利便性が上がる…というループを指します。

この効果は参加者が少ないうちでも効きますが、特にクリティカルマスと呼ばれる臨界点を超えると潜在ユーザーにもその効果が見えやすくなることなどから、劇的に効果が表れます。

ネットワーク経済性は電話などのリアルのサービスでも効きますが、比較的安価にサービス基盤を提供しやすくスピード勝負となりやすいネットビジネスにおいて特に重視されています。

たとえばかつてグリーは、ベンチャーキャピタルから調達した資金やIPOで得た多額の資金をテレビ広告に振り向けることでダウンロード数を増やし、一気にソーシャルゲーム・プラットフォームとしての地位を固めました。

クリティカルマスを早期に超えるためのその他の施策としては、知人を誘った場合にインセンティブを与えるなどがあります。

事例で確認

ネットワークの価値が参加者の二乗のペースで増すことを具体的に数字で確認してみましょう。

参加者が仮に2人しかいなければ、連結線は1本しか引けません。このネットワークの価値はほとんどないと言えます。ところが、仮に参加者が10,000人になると、連結線は、10,000×9,999÷2≒5000万本、参加者が100万人になると、連結線は1,000,000×999,999÷2≒5000億本、参加者が1億人になると、100,000,000×99,999,999÷2≒5000兆本となります。参加者が100倍に増えるごとに、連結線の数は1万倍に増えていることが分かります。

ちなみに、Facebookはすでに14億人のユーザーがいるとされます。このSNSを後発の類似のSNSが追い抜くことは極めて難しいと言えるでしょう。

図表4-2 クリティカルマス

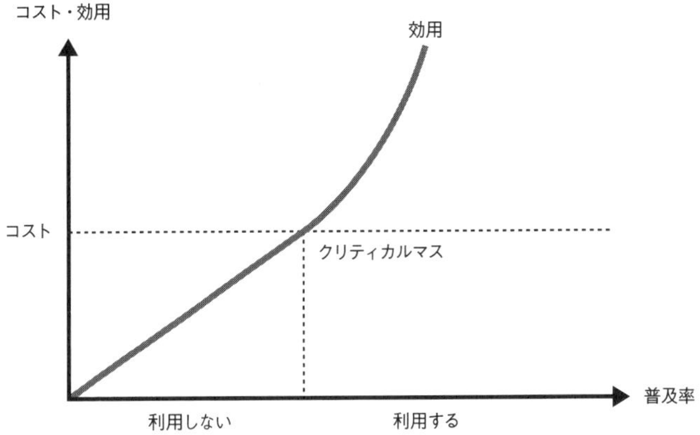

コツ・留意点

1 どのようなネットワークでもこの効果が同様に働くというわけではありません。クリティカルマスに達する以前であっても、そもそもそのサービスに一定の価値があることが必要です。例えば YouTube は初期の段階から、その視聴や検索のしやすさ、動画のアップの容易さなどでユーザーに大きな便益を提供しており、だからこそ視聴者が増える→動画が増える→視聴者がさらに増える→動画がさらに増える … という好循環を実現することができたのです。

2 ネットワーク経済性は他の経済性に比べても効果が大きいため、デファクト・スタンダードを実現した企業はとてつもない収益性と持続的な競争優位性を実現することが可能とされています。とは言え、クリティカルマスを超えたネットワークも無敵というわけではありません。そのネットワークよりより優れた代替品が登場すれば、当然その地位を脅かされることになります。また、ネットワークこそ小さいものの、独自性を打ち出して存在感を持てる場合もあります。SNS の LinkedIn や Pinterest などはその事例と言えるでしょう。ネットの世界ではよく、“Winner Takes All” ということが言われますが、現実はより複雑であることを理解しておく必要があります。

5 トレードオフ

何か一方を追求すると、別の何かを失わなくてはならないということ、あるいはその状況。

分野	経営戦略、エコノミクス
習得必須度	★5
有効性	★5
応用性	★5
理解容易度	★5
回避容易度	★3

基礎を学ぶ

活用／意識すべき場面

- あらゆる企業活動において、何かを優先させたときに何が失われるかを見極め、実際に何を優先させるべきかを考える
- 一石二鳥的なアプローチができないかを検討する

考え方

トレードオフは、すでに一般的な用語としても定着した感があります。何かをする際に同時にすべてを達成することはできず、何かを捨てなくてはならないということです。典型的な例としては以下があります。

- 品質とコスト：高品質と低コストを高次元で満たすのは難しいものです。品質を上げようとするとどうしてもコスト高になりがちな一方で、コストを低くしようとすると品質をある程度は犠牲にせざるをえなくなるのがよくあるパターンです。
- 仕事と家族サービス：仕事でパフォーマンスを上げて出世しよう

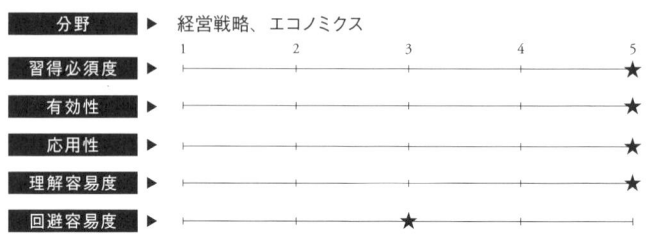

図表5-1 トレードオフ

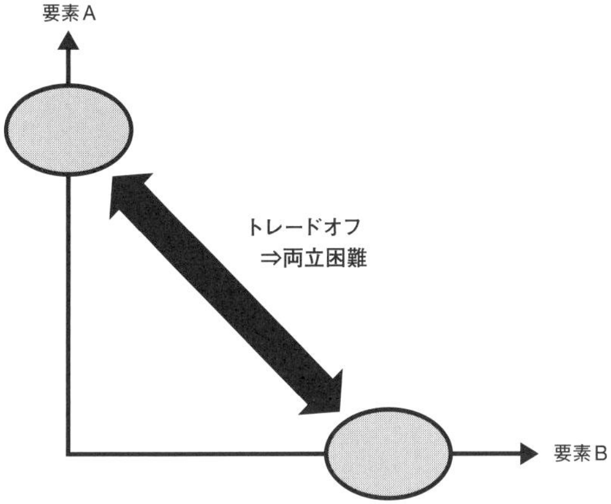

とすると、働く時間も長くなりがちで、家族サービスに十分な時間をとることが難しくなります。逆に、家族サービスを優先させると仕事でのパフォーマンスが少し下がってしまいます。

- コストリーダーシップ戦略と差別化戦略：経営学者のマイケル・ポーター教授は、この2つの戦略を同時に実行するのは容易ではなく、企業としては、どちらかに明確にスタンスをとることが有効と説きました。

こうした例は皆さんの周りにもたくさんあるでしょう。トレードオフが発生する原因としては、まず資源が無限ではなく有限であるという点があります。

たとえば上記の仕事と家族サービスのトレードオフについては、時間という資源が無限にあれば、どちらをとるかという悩みは起きないでしょう。しかし、現実には1日は24時間しかありません。睡眠時間なども確保しなくてはならないことを考えると、どうしても出世を目指すビジネスパーソンは（好ましいことではありませんが）家族サービスを犠牲にせざるをえなくなってしまうのです。

もう１つの理由としては、個人や組織のメンタリティの違いがあります。例えば、とにかく低コストを追求しようというメンタリティと、顧客が高値を支払いたくなるような価値ある差別性を提供しようというメンタリティは、なかなか同じ会社の中で共存できません。ポーター教授がコストリーダーシップと差別化を両立させることが難しいと述べた理由の１つはここにあります。

ただし、トレードオフがあるからといって、片方を安易に諦めてしまうのはビジネスパーソンの姿勢として好ましくありません。2つあるいはそれ以上の要素がトレードオフの関係にあることを理解した上で、何かしらの工夫を凝らすことで、それらを少しでも高い次元で両立させようとする意欲を持つことが大事です。

筆者の尊敬する経営学者のゲイリー・ハメルは「ORではなくANDを目指せ」という趣旨のことを言っています。トレードオフを突き破るからこそ大きな果実を手に入れられるという発想です。

事例で確認

我が国において、コストリーダーシップと差別化の両方を実現した代表的企業として、トヨタ自動車やセブン-イレブンがあります。トヨタは生産量や改善活動を武器に低コストを実現する一方で、品揃えやサービスの良さで差別化を実現しています。

セブン-イレブンは、規模によるバイイングパワーでコスト低減を図りつつも、収益性の高いPB製品（弁当、惣菜、カウンターの食品など）の開発などではコンビニ業界の先端を行き、また利便性でも差別化を実現しています。だからこそこの２社は極めて高い業界ポジションや収益性を実現できているのです。

図表5-2 トレードオフと無差別曲線

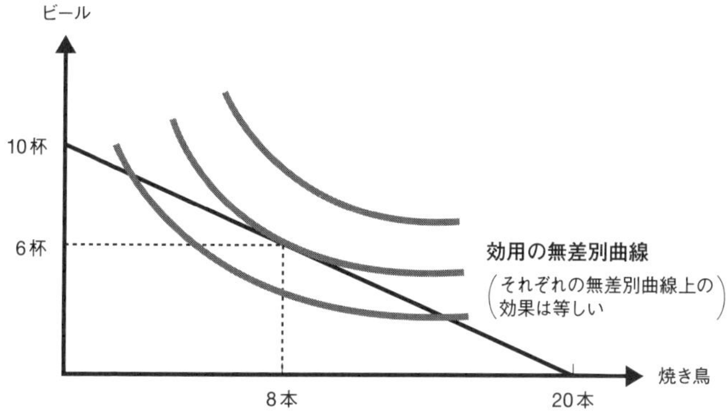

前提：予算は3000円で確定
150円の焼き鳥と300円のビールの最適な購入の組み合わせを考える

コツ・留意点

1 打破するのが難しいトレードオフがあった時には、その制約の中で得られる効用を最大化することが重要です。それを示したのが図表5-2の分析です。このケースでは、予算が3000円という制約は決まっているものとします。そのなかでビールと焼き鳥をどのようなバランスで買えばいいのか悩ましいところです。こうした時には、それぞれの効用を定量化し、その効用を最大化する組み合わせを選ぶことになります。効用の無差別曲線と予算の直線が接する点がベストバランスとなります。経済学ではこれを最適消費の考え方と呼びますが、ビジネスシーンでも応用可能な考え方です。

2 トレードオフを打開する1つの方法は、一石二鳥的なブレークスルーを考えるというものです。例えばある営業マネジャーが業績確保と部下の育成時間の確保に困っているとします。1つの打開方法は、営業同行することで、業績は維持しつつ部下の指導も行うという方法です。また、部下の指導に当たって質問を多用するコーチング的な指導を行うことにより、部下のコンサルティング営業能力を高めるという一石二鳥を狙うのも1つの方法です。

6 ボトルネック

あるシステムにおいて、最もキャパシティが小さく、システム全体のスピードを規定しまうような部分。日本語では隘路（あいろ）という。

分野 ▶ 経営戦略、オペレーション・マネジメント

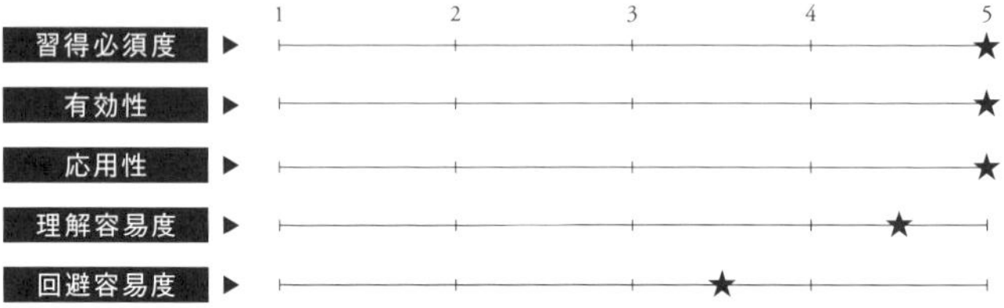

基礎を学ぶ

活用／意識すべき場面

- 仕事をする中で、どこでスピードが削がれているかを見極める
- それを取り除くことで仕事のスピードアップを図る
- 組織全体の経営資源の最適配置の参考情報とする

考え方

一連の流れの中で、どれだけ他の部分のスピードが速くても、ある部分のキャパシティが小さいと、そこで流れは澱んでしまい、全体のスピードも遅くなってしまいます。**図表 6-1** でいえば、プロセス D の箇所がボトルネックに相当します。

ボトルネックは、文字通りもともとは瓶の首の部分を指します。もしこの首の部分がなければ中の液体が一気に流れ出てしまいますが、これがあることで、流量をユーザーが使用しやすいレベルに落としているのです。

化学反応では、全体の中で最もスピードが遅い部分を律速段階と

図表6-1 ボトルネック

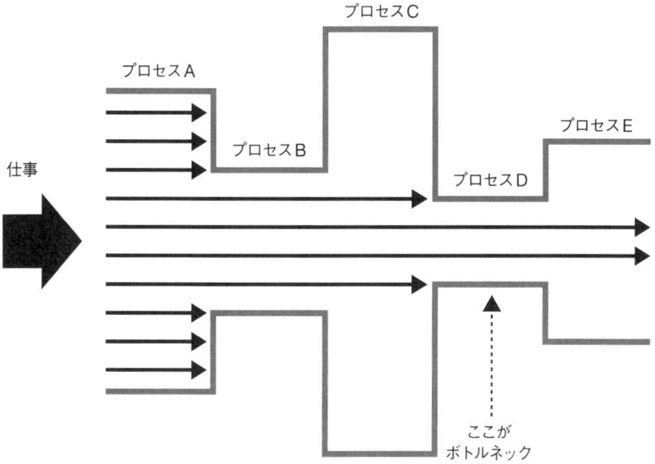

呼びますが、意味合いはボトルネックと同じです。全体の速さを決める（律する）という点がポイントです。

ボトルネックの分析は経営のみならず情報技術や交通制御、土木工事などにも応用されていますが、企業経営において最もボトルネックの考え方が威力を発揮するのは、オペレーション・マネジメントの分野です。これは工場などの生産工程のみならず、あらゆる業務プロセスの改善に応用可能です。

ボトルネックの重要なポイントは、あるボトルネックがそのままの状態で放置されていると、どれだけ他の部分を改善（例：増員したり、より高性能な機械を導入する）したところで、結局全体のスピードは変わらないという点です。これは、**図表6-1**で例えばプロセスCの幅を増しても処理できる仕事量は大きくならないことからも想像できるでしょう。言い方を変えれば、ボトルネックを解消できないような投資は、ビジネス的には全く無駄となってしまうのです。

イスラエルの物理学者で『ザ・ゴール』などの一連の著作を著し、制約理論（Theory of Constrains）を広めたE.M. ゴールドラッド博士も、全体のスループット（流量）を上げるためにまず着目すべきはボトルネックであり、その除去が重要であるとしています。

ちなみに、制約理論では、ボトルネックを取り除いたうえで、設備などの資源を最大限に活用するために、「ドラム・バッファー・ロープ」という考え方を用います。ドラムはペースを知らせる合図、バッファーは緩衝（工場においては仕掛品など）、ロープは最もスピードの速い人と遅い人をつなぐことで、遅い人に合わせる仕組みのことです。

事例で確認

企業の人材配置の事例で考えてみましょう。A社には現在15人の営業と、15人のオペレーション担当のラインスタッフがいます。営業がとってきた仕事をオペレーションの人員が捌くわけですが、現状では営業担当者2人がフル活動してとってきた仕事をちょうどオペレーション担当者3人がフル活動して捌くのがよいというバランスになっているとします。これを図示したのが**図表6-2**です。

現状ではオペレーション部門の方がボトルネックになってしまい、全体のスループット（流量）が下がってしまっていることがわかります。15人のオペレーション担当者がフル活動しても、フル活動の営業担当者10人分の仕事しかこなせませんから、営業としては、仕事をセーブして67%の稼働率にしないと、仕事をとったはいいもののさばききれないという状況です。

解決策としては、オペレーション担当者を7.5人採用して増やす、あるいは、もし配置転換ができるなら、営業3人をオペレーションに回し、12人と18人のバランスにするなどが考えられます。

図表6-2 ボトルネックの解消

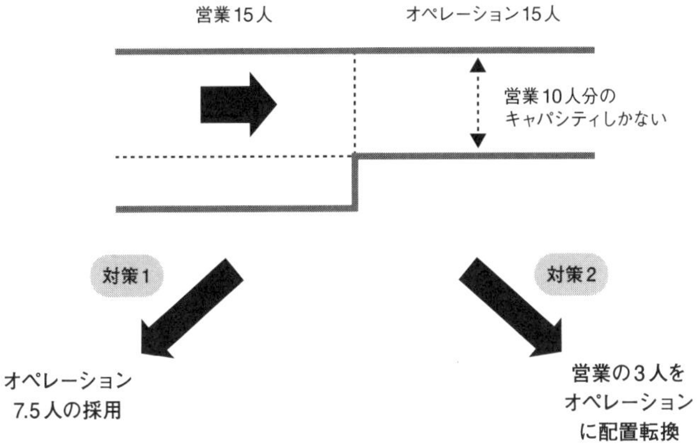

コツ・留意点

1 ボトルネック分析は、理論的にも精緻ですし、実際に工場などで用いられて大きな成果を上げています。ただし、工場の現場などでこの分析がうまく働く前提として、定型業務が多く、また業務プロセスが極めて明確であるということがあります。それに対して、例えばクリエイティブ系の業務などは仕事が非定型であることに加え、業務プロセスも必ずしも定型化されていません。また、マルチタスクをこなさざるをえないシーンが多く、単純な前提が置きにくいという難しさもあります。とは言え、どのような業務にもボトルネックは発生するものです。「業務が複雑だから」と諦めてしまうのではなく、だからこそ知恵を絞ってボトルネックが極力発生しないような施策を考える必要があるのです。

2 ボトルネックを潰す一つの効果的な手法は従業員の「多能工化」です。つまり、ボトルネックとなっている業務を別の職能や部門のスタッフが速やかにこなすことができるとボトルネックは発生しにくくなるのです。一方で、多能工化を進めると、専門性の強化が遅れたり、管理が難しくなるなどの問題もあるため、バランスを適切にとる必要があります。

2章

統計・エコノミクス編

2 章で学ぶこと

本章では、統計学やエコノミクスに関連する用語を紹介します。昨今、「数字や統計」、あるいは「経済」そのものへの注目度が高まっています。紙面の関係もあって、統計学や経済学の理論をここですべて説明することはできませんが、そのなかでもビジネスパーソンにとってなじみの深いものをピックアップして紹介します。

まず**大数の法則**は統計学の基本中の基本とも言える大法則です。その割には正しく理解されていませんし、これがわかっていれば避けられる錯覚に陥ってしまう人も少なくありません。まずは基本として押さえておきたいところです。

パレートの法則は、業務の効率化を図る上で便利な経験則です。筆者も昔から意識していますが、その効果は大きなものがあります。

ハインリッヒの法則は特に安全管理などで用いられる用語ですが、セキュリティ問題など、多くのビジネスパーソンにとってリスク管理はより身近な問題になっています。身の回りの出来事にぜひ当てはめてみてください。

比較優位の法則は、もともとは国際分業の理論ですが、その応用範囲は広く、非常に奥行きの広い法則です。ビジネスへの応用についても様々な観点から考えることができます。自分の仕事の仕方を再確認する意味でも有効です。

情報の非対称性がもたらす問題が**レモン市場の法則**です。ゲーム理論でも一大テーマとなっています。特に、ルールを作る立場の人間にとっては参考になるでしょう。

統計や経済学は数字が出てくることもあって取り付きにくい印象がありますが、本章で紹介する考え方はその中でも基本的なものです。ぜひ「食わず嫌い」をせずにしっかり読んでいただければと思います。

7 大数の法則

十分な標本数の集団を調べれば、その集団内での傾向は、その標本が属する母集団の傾向と同じになること。

分野 ▶ 定量分析、エコノミクス

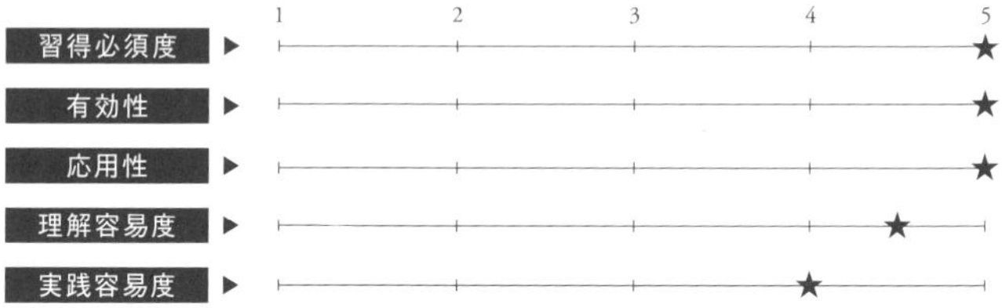

基礎を学ぶ

活用／意識すべき場面

- アンケート調査などを行う場合にどのくらいのサンプル数が必要かを見極める
- 保険会社など、確率が重要なビジネスにおいて、過去の確率に基づいて料金（保険料）などを決定する

考え方

大数の法則は、冒頭の定義の他に、ある一定の確率（ここではこれを「真の確率」と呼びましょう）で生じる事象は、試行回数を十分に大きな数まで増やすと、どんどん本来の「真の確率」に近づいていくと言い換えることもできます。

たとえば、正確に作られたサイコロは、数千回も振れば、どの目も出る確率は６分の１に近づきます。同様に、ちゃんと作られたトランプならば、１枚引いては戻し、ということを繰り返せば、どのマークが出る確率も、試行を重ねるにつれ４分の１に近づいていき

図表7-1 大数の法則

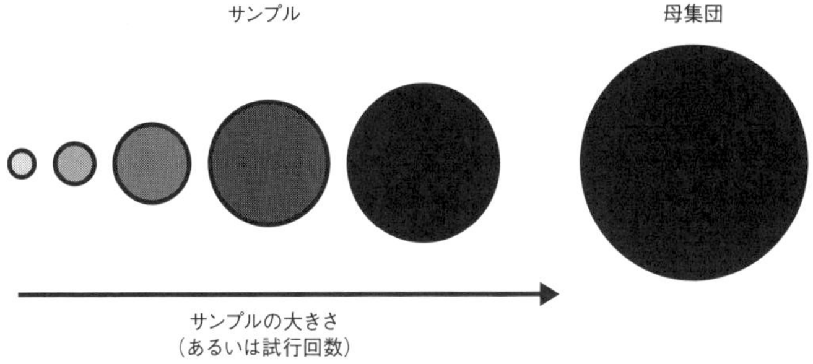

サンプル数が増えるほど母集団の確率に近づく

ます。

大数の法則をビジネスに用いている業界に保険業界があります。死亡保険の場合、仮に１人、２人しか顧客がいなければ、その顧客がいつ亡くなるかは分かりません。しかし、顧客が数万人規模でいれば、たとえば男性なら、現在50歳の人であれば、平均80数歳までは生きるだろうという前提で、保険料などを設定し、確実に儲けを得ることが可能になるのです。

今後はビッグ・データの技術に加え、遺伝子診断なども盛んになるでしょうから、○○遺伝子を持っている20歳女性の保険料はいくら、△△遺伝子を持っている30歳男性の保険料はいくら、という時代が来るかもしれません。

あるいは、IoT（モノのインターネット）の技術が進化し、人間のあらゆる行動の解析が進めば、損害保険ビジネスにおいて、「こういうタイプの運転をする人間は、自動車保険の保険料を通常より□□%高める必要がある」といった判断ができるようになるかもしれないのです。

ちなみに、BtoBの一部のビジネスではいち早く、リース料の設定などで、こうした統計や確率に基づいた料金設定が導入されつつあります。

なお、大数の法則は、アンケート調査をするときに、どのくらいのサンプル数が必要かという計算でも用いられます。その計算式を示したのが**図表 7-2** です。

事例で確認

サンプル数が少ないがゆえに生じていた異常値が、サンプル数が増えるにつれてどんどん「真の確率」に近づいていく例に、プロ野球選手の打率があります。

日本のプロ野球でもMLBでも、最初の1カ月くらいは、4割近いものすごい打率を残す選手が現れるものです。しかし、長丁場のシーズンを終わってみると、結局は実力者が上位を占め、しかも首位打者でもそんなに高い打率にはなりません。

実際に試算してみましょう。「真の打率」が3割3分3厘の選手が、75打数（20試合程度）の段階で4割以上の打率を残す確率は、（計算の過程は省略しますが）13%となります。つまり、3割3分3厘の実力の選手は、8回に1回は、75打数の段階で4割をキープすることができるのです。

しかし、これがほぼ1シーズン分の500打数になると、真の打率が3割3分3厘の選手が、4割の打率を残せる可能性は、ほぼ1000分の1の確率となります。逆に、3割から3割5分の間の打率に収まる確率は75%弱となります。

よく、春先は好調な打者が多いと錯覚されることがあるのですが、実は大数の法則が働いているだけに過ぎないのです。

図表7-2 必要なサンプル数

【母平均推定の場合】

$$n = \frac{N}{\left(\frac{\varepsilon}{\mu(\alpha)}\right)^2 \frac{n-1}{\sigma^2} + 1}$$

【母比率推定の場合】

$$n = \frac{N}{\left(\frac{\varepsilon}{\mu(\alpha)}\right)^2 \frac{N-1}{\rho(1-\rho)} + 1}$$

n：必要標本数
$100-\alpha$：信頼度
$\mu(\alpha)$：上記信頼度を実現する正規分布の値
N：母集団の大きさ
σ^2：母分散
ε：精度（区間推定における上下幅）
ρ：母比率

注：σ^2やρは通常未知であり、過去の類似の調査から推定する場合が多い

コツ・留意点

1 よく、市場調査などでは、「サンプル数はできれば300以上とることが望ましい」と言われることがあります。これも大数の法則に基づいています。サンプル数が小さければ小さいほど、真の平均値から遠ざかってしまう可能性は高くなりますが、サンプル数が300を超えたあたりからは、母集団の確率と、サンプルの確率はほとんど同じ数字になります。テレビの視聴率調査などでは、ビデオリサーチの場合、東京、大阪、名古屋の600世帯に調査機を据え付けており、統計学的にはかなり高い信頼性の数字を得ています。

2 大数の法則は極めて強力な法則ですが、もともとの母集団における比率が限りなくゼロに近かったり、逆に1に近いと、サンプル調査で仮に300程度を抜き出したところで、検証の材料としては弱いものになります。これは**図表7-2**の数式の特性によるものです。ただし、そうした比率のものを調査することは極めて稀で、通常は5%から95%程度の数字を検証することがほとんどです（視聴率や内閣支持率など）。0.01%といった特殊な数字でない場合は、それほど多くのサンプル数は不要です。

8 パレートの法則

数量の大きい項目・要素から順に並べ、累計をとると、上位20%の項目・要素で、全体の80%に貢献しているという経験則。「20-80のルール」などともいう。イタリアの経済学者ヴィルフレド・パレートが発見した。

分野 ▶ 定量分析、経営戦略

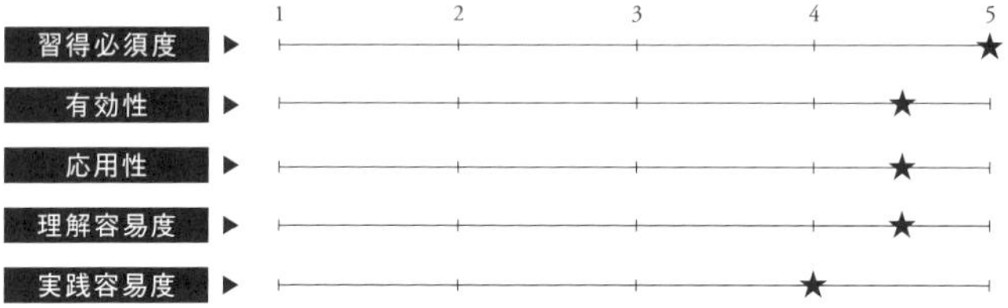

基礎を学ぶ

活用／意識すべき場面

- 特定の重要な製品や顧客が、売上げや利益に貢献している度合いを見極めることで、マーケティングや営業戦略に活かしたり、資源配分の見直しの参考にする
- トラブルが主にどのような原因で生じているかを見極め、費用対効果の高い解決策につなげる

考え方

ビジネスのみならず、世の中のさまざまな事象にはパレートの法則が当てはまることが多いものです。典型例は以下です。

- 上位20%の顧客で売上げの80%を占める
- 上位20%の製品で売上げの80%を占める
- 上位20%の営業担当者で利益の80%を稼いでいる
- 上位20%の不具合原因がトラブルの80%を引き起こしている
- 上位20%の手順・プロセスで、時間やリソースの80%を消費し

図表8-1 パレートの法則

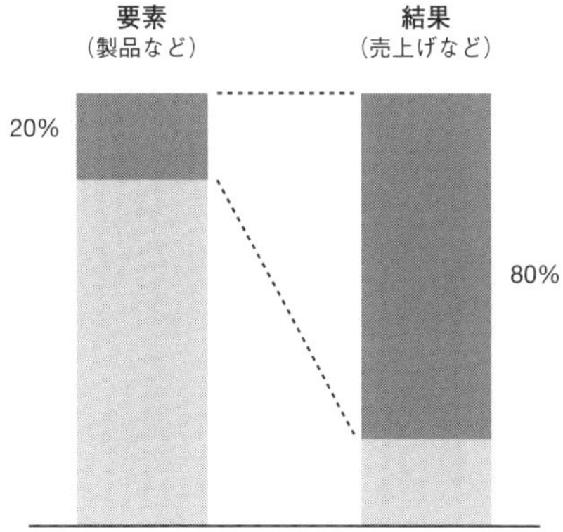

ている

この法則を理解しておくと、力を入れるべきポイントを見極めて経営資源を有効に活用することや、改善感度の高い部分から問題解決に着手することが可能となります。

一般的には、**図表8-2**に示したような、パレート分析と呼ばれる分析を行うことで、この目的を達成します。

なお、パレートの法則は、多くの場合によく当てはまる経験則ですが、常にこの比率が当てはまるというわけではありません。

例えば、製品の売上げに関するパレート分析では、上位に圧倒的に知名度が高い有名製品がある場合には、「10-90」といったように、一部の製品でほとんどの売上げを稼いでしまうことがあります。

逆に、ヒット製品と呼べるような製品がない企業では、上位40%の製品でも60%から70%程度にしか貢献しないということもあり得ます。「20-80」の経験則を闇雲に当てはめるのは賢明ではありません。正確を期す場合には、しっかりパレート分析を行うことが必要です。

なお、パレートの法則はある程度の項目・要素数がある状況では成り立つことが多いですが、要素数があまりに少ないと成り立たないことの方が多くなるという特徴もあります。例えば製品が5個しかない企業で、上位1つ（20%）の製品が55%の売上げを稼いでいるといった状況です。この企業としては大事な製品であることに違いはないのですが、「20-80」の比率からは大きくずれてしまうのです。

事例で確認

いくつか事例を見てみましょう。まず、いまや国民的行事ともなったAKB48と姉妹グループの「総選挙」において、上位20%の人気者がどのくらいの票を獲得したか見てみましょう。

ここでは、2015年に行われた「第7回総選挙」を例にとります。総投票数は3,287,736票で、立候補者は272人でした。上位20%は54.4位までの票数となります。54.4位までの得票数（55位の得票数は0.4掛けで換算）は全体の約72%となります。概ねパレートの法則の20-80に近くなっていますが、地域ごとにグループを作ったことが人気の分散につながり、集中度合いを下げている可能性があります。巧みなマーケティング戦略と言えそうです。

もう1つの例として、ニンジンの収穫量を見てみます。都道府県数は47ですので、20%に相当するのは9.4位までの都道府県となります。2014年度のデータでこれを計算してみると、上位20%の都道府県でおよそ85%となります。集中度が高い理由は、1位の北海道がおよそ30%を1つの都道府県で稼いでしまっているからです。北海道の貢献度が小さいコメで同様の計算をすると、上位20%の集中度は6割台と下がります。

図表8-2 パレート分析

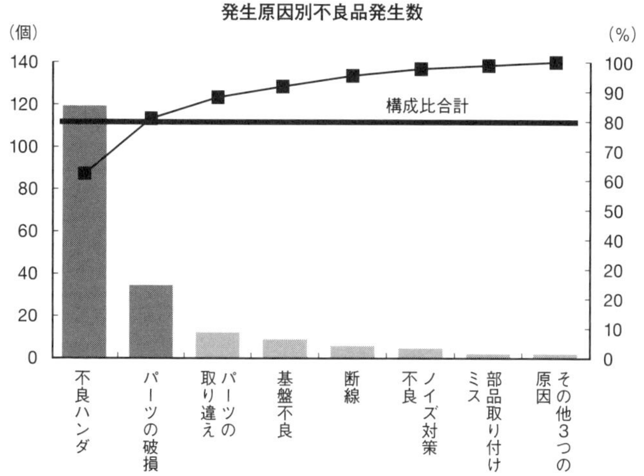

コツ・留意点

1 パレートの法則は、それがおおむね成立していることが検証されれば、リソース配分のヒントも得られることから非常に有効です。ただし、集中していない残りの部分を安易に重要度が低いと見るのは危険です。たとえば、市町村別に人口の集中度をみていくと、下位の町村は人口がかなり少ないことがわかります。しかし、だからといって、すぐに人口の少ない町村から人口移動を促し、都市化を進め行政サービスを効率化するという提言を行うのは考えものです。地元への愛着もあるでしょうし、人口が少なくても何かしらの貢献を果たしている町村も少なくありません。パレートの法則やパレート分析は有効な判断材料にはなりますが、それだけで物事を判断するのは避ける方が賢明です。

2 ネットビジネスにおいては、パレートの法則の逆の発想で、貢献度の低い顧客でも収益化することにチャレンジしている企業が少なくありません。いわゆる「ロングテール」のビジネスモデルです。これは書籍のような有形物を扱う場合でもある程度成り立ちますが、商品・サービスの提供コストが著しく低いデジタル財において特に顕著です。

9 ハインリッヒの法則

1件の重大な事故の背景には、29件の軽微な事故と、300件の異常が存在するという経験則。発見者のハーバート・ウィリアム・ハインリッヒの名に由来する。

分野 ▶ オペレーション・マネジメント

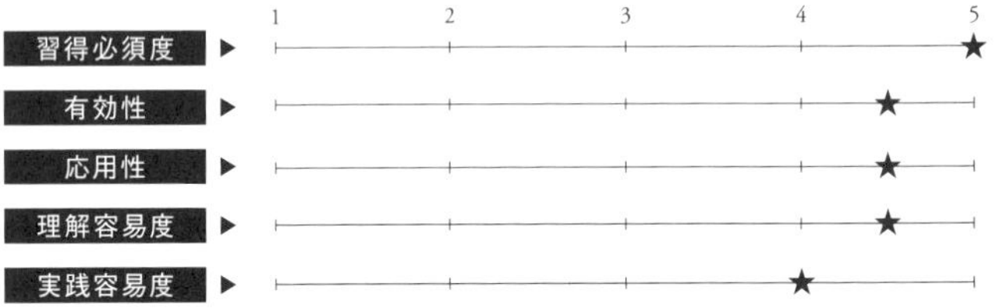

基礎を学ぶ

活用／意識すべき場面

- 現状の異常を把握することで事故を減らす
- 軽微な事故を減らすことで重大事故を未然に防ぐ

考え方

ハインリッヒの法則は、俗に「ヒヤリ・ハットの法則」と呼ばれることもあります。例えば車の運転中に人にぶつかりそうになるなど、ヒヤリとしたりハッとする経験は誰しもが持つものですが、普通はそれは事故にはつながらないため、すぐに忘れられてしまうものです。

しかし、そのヒヤリやハッとが積み重なれば、そのうち軽微な事故につながり、それがさらに回数を増せば、重大な事故につながるというのがハインリッヒの法則の意味するところです。

我々は何か重大事故があると、反射神経的に、その重大事故の原因を探ろうとするものです。しかし、重大事故の減少にばかり目を

図表9-1 ハインリッヒの法則

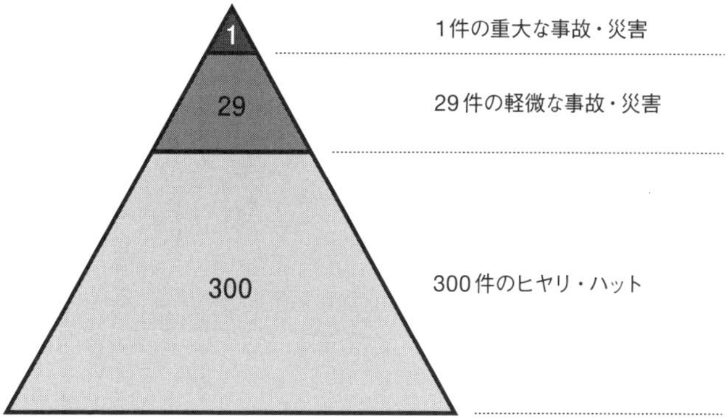

奪われていては効果的な対策に結びつきません。日常から些細な異常（ヒヤリ・ハット）を報告するようにし、それを減らす活動に取り組むことが、事故の減少につながり、それがさらには重大事故の可能性、件数も減らすことにつながるのです。

ハインリッヒの法則は、工場や建設現場、医療現場、交通機関など、重大な事故が惨事を招くような職場において、安全管理を行う上で強く意識されています。

なお、特に異常が起こりやすい条件として、3Hとよばれるシチュエーションがあります。これは、

- 初めて（はじめて：Hajimete）やる作業
- 久しぶり（ひさしぶり：Hisashiburi）に行う作業
- （手順などに関して）変更（へんこう：Henkou）のあった作業

この3つの状況下において、特に異常が発生し、事故が起こりやすいという経験則です。

これは、一般の人間にとっても、納得感のあるシチュエーション

と言えるでしょう。

ちなみに筆者は、かつて8年ぶりに車の運転をした際に、ブレーキの利きを見誤って、前に止まっていた車に衝突してしまったことがあります。まさに「久しぶり」のシチュエーションで軽微な事故が起きてしまったのですが、それ以外にも**図表9-1**の上から3つ目の「ヒヤリとするシーン」はあり、それが上から2つ目の軽微な事故につながってしまったのです。

事例で確認

2005年に発生したJR福知山線の脱線事故は、107名の死者を出す大惨事となり、国民的な関心を集めました。

その後の調査の結果、停止線にきっちりと止まれなかったオーバーランや、減速するはずのカーブでのスピードオーバーが、脱線事故前に300件以上発生していたとされます。

当時のJR西日本は、阪急に代表される私鉄各社との競争に勝つことを意識するあまり、スピードアップによる所要時間短縮や運転本数増加などに力を入れ、安全対策がやや後手に回っていました。また、従業員は、ダイヤが乱れた際に乗客から来る苦情を過度に恐れていたともされます。

こうした背景の中、オーバーランやスピードオーバーがしばしば発生していたにもかかわらず、運転手らは、それが重大事故につながるような危険とはみなしていなかったのです。

これらはすべて事故後の調査によって初めて明らかになったものです。重大事故を招く異常を日ごろから正しく認識してそれを減らす取り組みを行うことの重要性と、そもそもそのような異常が起きないような経営を行うことの重要性を示す事故だったと言えるでしょう。

図表9-2 ハインリッヒの法則以降に提唱された法則

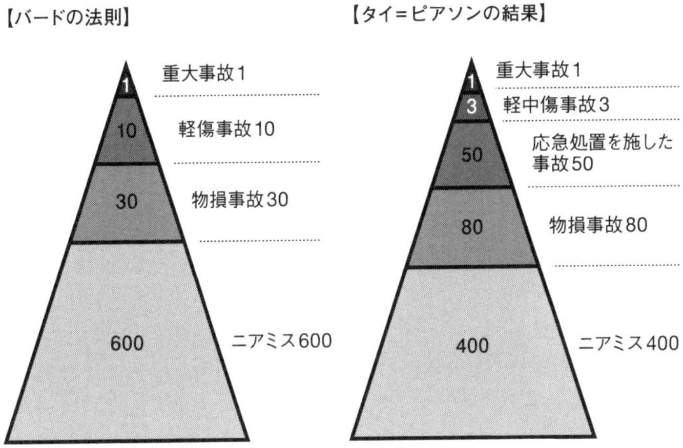

コツ・留意点

1 ハインリッヒの法則は、工場現場や公共交通機関など危険な現場での運用に意識が行きがちですが、多くのビジネスパーソンが働く一般のオフィス業務においてもこの法則はよく当てはまります。たとえば、昨今では個人情報の流出などが大きなトラブルとなることがありますが、（悪意のあるケースはまた別ですが）1件の大きなトラブルの陰には、29件のちょっとしたトラブル（例：社内において宛先の人間と同姓の人間にメールを送ってしまった）、そして300件のヒヤリ・ハット（例：宛先が間違っていることに直前に気がついた、間違った添付ファイルを送ろうとしていることに事前に気がついたなど）がやはり起きているのです。

2 ハインリッヒの法則は実証研究に基づいた、よく当てはまる経験則ですが、それ以降にも多数の研究により、類似の経験則が発表されています（図表9-2）。これらはどれが絶対的に正しいというものではなく、時代や国、案件によっても当然変わってきます。ポイントは、比率こそ違え、根源的な構造が似ている点と考えればよいでしょう。

10 比較優位の法則

自分たちが得意なことに集中し、苦手なことは、それを得意とする他人に任せた方が全体の効率や効用が増すと考える考え方。貿易論において、各国が役割分担をする際の考え方から発展した。デヴィッド・リカードが提唱。

分野 ▶ エコノミクス

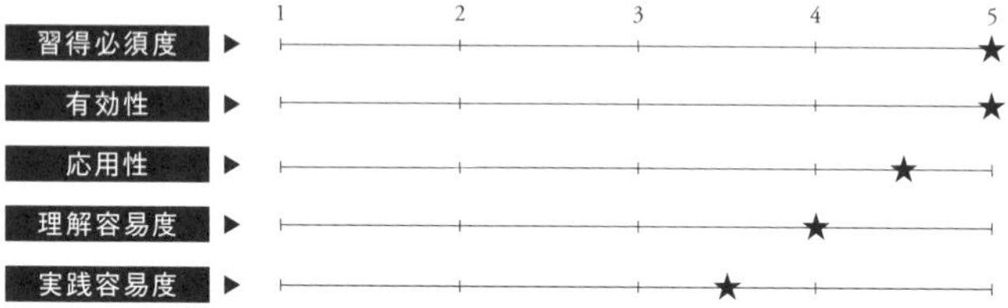

基礎を学ぶ

活用／意識すべき場面

- 多数の人間や主体が集まる場における最適な役割分担のヒントとする
- 自分や自社が何をすることが全体最適になるかを検討する
- 自分や自社の機会費用を改めて正確に意識する

考え方

古典的なアダム・スミスによる絶対優位の考え方では、何かをするのが得意な人間がそれをすることが好ましいと考えられてきました。例えば、ワイン作りが最も得意な人間や国がワインを作り、それを他国に輸出するのが効率的だという考え方です。

しかし、19世紀の経済学者であるリカードは、資源は有限であることに着眼し、スミスの考えを否定しました。仮に何かに優れていたとしても、その「優れ方」の度合いが小さければ、それをするよりも「優れ方」の度合いが高いことをやるべきだというのが比較

図表10-1 比較優位の例

	ポルトガル	イギリス	総生産数
ワイン	15人/1単位	30人/1単位	2単位
毛織物	10人/1単位	12人/1単位	2単位
			4単位

ポルトガルには25人、イギリスには42人の生産者がいる。
もしポルトガルの人員をすべてワイン作りに振り向けたら

	ポルトガル	イギリス	総生産数
ワイン	25人/1.67単位		1.67単位
毛織物		42人/3.5単位	3.5単位
			5.17単位

優位の考え方です。

その事例として出されたのがポルトガルのワインとイギリスの毛織物の事例です。仮に、**図表10-1** 上のような関係が成り立っていたとしましょう。

前提として、世の中にはイギリスとポルトガルの2カ国しかなく、製品も毛織物とワインの2つしかありません。それぞれの製品を1単位作るのに、図に示した人員を要します。現在、それぞれ1単位ずつを生産しています。

絶対優位の考え方に基づけば、いずれも生産性の高いポルトガルが生産を担当し、それをイギリスに輸出すればいいことになります。しかし、リカードは、こう考えました。

「確かに両方ともポルトガルの方がイギリスより優れている。しかし、『優れ方』はワインの方が高い（ワインの生産性は2倍、毛織物は1.2倍）。であれば、ポルトガルの人材はワイン作りにすべて振り向け、イギリスで毛織物を作ればいいのではないか」

事実、計算してみると、**図表10-1** 下に示したように、ポルトガルはワイン作りに特化した方が、全体としての生産量は上がります。実際の国際的な役割分担はこのように単純に決まるわけではありませんが、「優れ方の度合い」に着目し、限られた資源を有効活用しようとしたことにリカードの炯眼があります。

比較優位の考え方はまた、機会費用（何かをやることで失った機会ロス）を考える上でも非常に参考になります。「自分がこれをやるよりも、自分はより価値を出せることに時間を使う方がいいのでは」というのは、ビジネスでは非常に大事な考え方なのです。

事例で確認

比較優位の考え方を応用した事例を考えてみましょう。ある腕利きの独身の女性医師が、家事を自分でやるべきか否かというシーンを考えてみます。彼女は学生時代に家事代行のアルバイトをしたことがあり、また、もともと家事が趣味ということもあり、いまでも家事能力は平均的な家事代行のスタッフよりも高いものとします。果たして彼女は自分で家事をすべきでしょうか？

図表10-2 の分析結果からもわかるように、結論は、彼女は自分で家事をするのではなく、それはアウトソーシングし、その分の時間を仕事に充てるのが最適ということになります。機会費用の観点から見て、彼女が家事を自分でするのは社会的にも損失なのです。

似たような例は昔からいくつも提唱されています。仮にマイケル・ジョーダン選手が現役時代、シカゴで一番の芝刈り能力を持っていたとしても、彼は芝刈り職人に仕事を依頼し、自分はバスケットボールやCM出演に時間を使うべきなのです。また、町で一番の弁護士が町で一番のタイピストだったとしても、彼女は自分でタイプを打つべきではなく、専門のタイピストを雇うべきなのです。

図表10-2 比較優位の考え方を応用した事例

	時間単価	実働時間	1日当たり収入
医師業務	3万円/時間	6時間	18万円
家事	0千円/時間	2時間	
			18万円

	時間単価	実働時間	1日当たり収入
医師業務	3万円/時間	8時間	24万円
家事	0千円/時間	2時間	
			24万円
家事外注	3千円/時間	2時間	▲6千円
			23万4千円

注：この事例では外注先の家事代行業者には無給の時間を仕事に充てるものと考える

コツ・留意点

1 比較優位の観点は、会社でも仕事の分担を考える上で有効ではありますが、四角四面にそれを主張するとデメリットも出てきます。1つは能力開発の問題です。ある業務が不得意だからといって、いつまでもそれをやらせなければ上達は望めません。特に若い人材にとっては、最初は生産性が低くても任せることが必要です。また、いくら理に適っていたとしても「付加価値の低い仕事はあなたがやって」という態度が露骨に見えると、職場の雰囲気や対人関係を悪くする可能性があるので注意が必要です。

2 比較優位の考え方は、企業のアウトソーシングなどでも活かせます。アウトソーシングは一般的に、「餅は餅屋」といったように、専門家に任せるという色合いが強いですが（例：警備を警備会社に任せる）、実は、自分たちより生産性が低い相手であっても、比較優位の考え方を用いれば仕事を任せることはあり得るのです。例えば、定型的な営業も自社でやった方が効率がいい場合でも、それはあえて外部に任せ、自分たちはより高付加価値の非定型のハイタッチ営業に力点を置くといったやり方です。

11 レモン市場の法則

買い手と売り手の間の製品・サービス品質に関する情報格差／情報の非対称性が原因となって、市場に不良品ばかりが出回る現象。ジョージ・アカロフが提唱した。

分野 ▶ エコノミクス、ゲーム理論

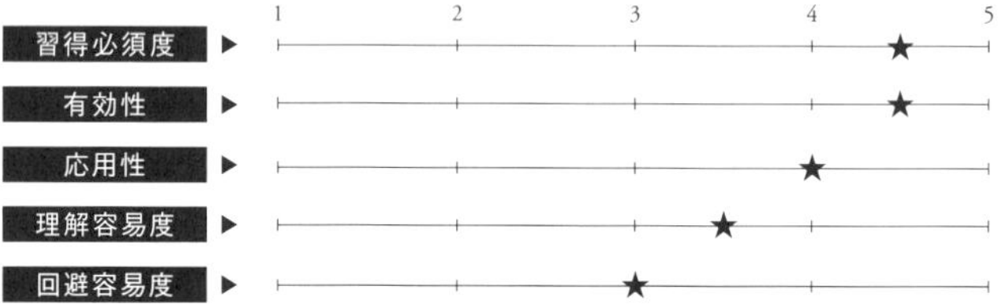

基礎を学ぶ

活用／意識すべき場面

- 情報の非対称性が大きいときの買値の参考にする
- 不良品を掴まされないための対応策を考える
- 市場を健全化するための施策を考える

考え方

ある中古車市場を想定してみます（ちなみに、英語で中古車をレモンと呼ぶことから、このレモン市場の法則という言葉が生まれました）。

売られている中古車のうち、良品と不良品が半々の比率で混ざっているものとします。売り手はすべての製品が良品か不良品かがわかります。良品の場合は200万円、不良品の場合は100万円で売ることができ、売り手には売り値の10%の儲けが出るとします。

一方で、買い手である消費者側は、どれが良品でどれが不良品なのか見分けることはできません。

図表11-1 レモン市場

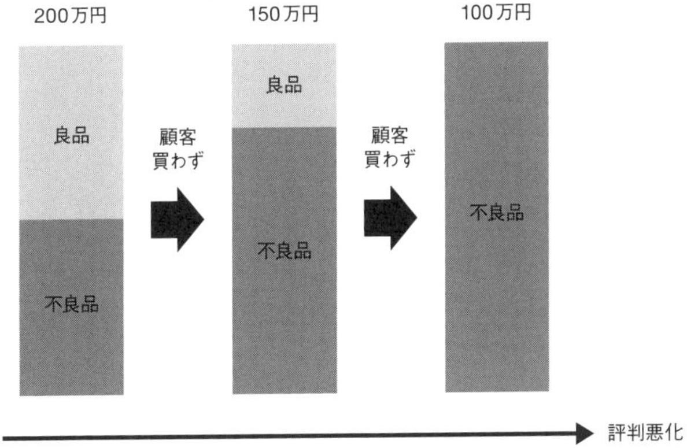

ここで、売り手は、ちょっとした細工で、ほとんどコストをかけず不良品も良品に見せかけることができるとしましょう。買い手がわかる情報は、口コミの結果、この市場での良品と不良品の比率が半々ということだけです。

さて、この時買い手はどのような行動をとるでしょうか？

まず、売り手がすべての中古車を良品に見せかけ、200万円という値札をつけていたとします。すべてが良品ならお互い何の問題もないのですが、実際には半分は不良品です。買い手としては、期待値である150万円（(100万円＋200万円)／2）の価格を超えると車を買わないでしょう。

では、車の値段を150万円に下げるかといえば、そんなことをしてしまうと、売り手は良品を売った時に儲けが出なくなってしまいます（もともとの良品のコストは180万円）。そこで、中古車販売業者は良品を並べるのを止め（あるいはその比率を下げ）、不良品を150万円で売ろうとします。

すると当然その中古車販売店の評価は下がりますから、ますます顧客は廉価でないと買わなくなります。こうした悪循環が続く結果、最終的に良品は売り場から姿を消し、不良品のみが100万円で売られるという事態になってしまうのです。こうした現象を逆選択といいます。

これは消費者としても好ましいことではありませんし、売り手としても売上げも利益も減ってしまいますから困ったことになります。誰も得はしないのですが、目先の利益を追うと、得てしてこのような状況に行きついてしまうのです。

事例で確認

レモン市場というのは、突き詰めれば、情報の非対称性から来る疑心暗鬼が市場を縮小させ、売り手にも買い手にも悪影響を及ぼすという現象です。

この現象が実際に観察された例としては、かつてのアメリカの新興市場におけるIPOの例があります。当時のアメリカでは、IPO間際の企業が、自社の業績や将来性を「お化粧」、つまり不正に過大評価させることで、魅力のある株に見せるということが横行していました。

こうした状況を防ぐにはどうしたらよいのでしょうか？　1つの方法は、粉飾に対するペナルティを重くすることです。先の中古車販売の例でいえば、もし不正操作がばれたときには、そのペナルティを非常に重いものにするのです。

これは、粉飾のためのコストを大きくすることと同じ意味を持ちます。その効果を**図表11-2**にゲーム理論のツリー図を用いて示しました。粉飾のコストが大きければ、バレたときのことを恐れ、実行しなくなるのです。

図表11-2 粉飾コストが大きい場合

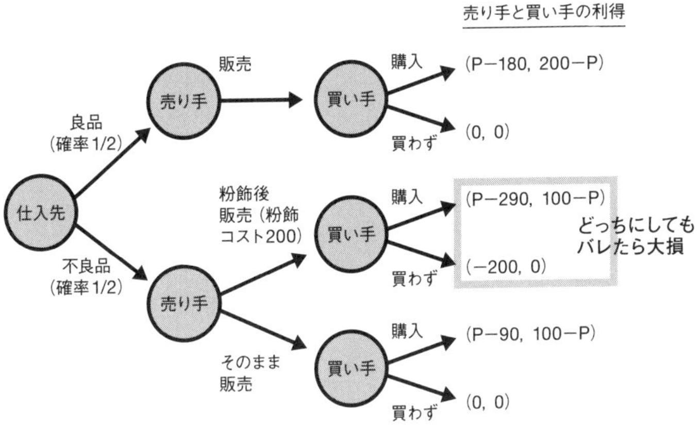

注：Pは売買価格

コツ・留意点

1 IPO市場の例でいえば、もう1つのシンプルな方法はディスクロージャー（情報開示）のルールを厳しくすることです。先の中古車市場の例は、情報開示がなされないがゆえに情報の非対称性が大きくなり、買い手である消費者が判断材料を持てないために起こった事象でした。情報開示のルールを徹底すれば、買い手と売り手の間の情報の非対称性は小さくなるため、不良品を良品と錯覚する可能性は小さくなるのです。ディスクロージャーの徹底は、見た目のコストがかかるため企業側としては敬遠したくなるものですが、マクロな視点から見れば実は自社を利することにつながることが多いのです。

2 レモン市場が発生する理由は、本文中にも示したように売り手側の短期的利益の追求です。売り手側がそうした近視眼を避ければ済むのではないかという議論もありそうですが、通常、そうした自制はなかなか働きません。売り手側は、短期的な利益を上げるインセンティブが通常は強く働くからです。だからこそ、市場を監督する当局が何かしらのルールを作り、それに従わせることが有効なのです。

3章

マーケティング編

3 章で学ぶこと

本章ではマーケティングという、企業の存続を左右する経営分野の関連用語、特に顧客の心理に関連するものを紹介します。これらを適切に活用できれば、企業活動の基本である、「キャッシュの獲得能力」が向上します。マーケティングが貧弱な企業で生き残れる企業はありません。企業の生存確率を高める上でも、ぜひ理解しておきたい項目群です。

価格と需要の関係を理解することは、ミクロ経済学の分野でも重要な論点ですが、それと関連してくるのが**限界効用逓減の法則**と**価格弾力性**です。これらの法則を理解しておくことは、最適価格の設定や利益の最大化を考える上で非常に重要な意味を持ちます。マーケティングのプライス戦略の基盤とも言えるでしょう。

ランチェスターの法則はかつて日本で最も注目された経営理論でもありました。近年では一時期ほどの勢いはありませんが、現代にも通じる重要な示唆を多数含んでいます。

プロモーション戦略に大きなヒントをもたらすのが**バンドワゴン効果**と**アンダードッグ効果**です。特にバンドワゴン効果は、適切に活用すればヒット商品を大ヒットにつなげられるポテンシャルを秘めています。**OATH の法則**もプロモーション戦略に大きなヒントをもたらします。知名度は決して高くありませんが、セグメンテーションにも使える、使い勝手の良い考え方です。

ジャムの法則は、「カスタマーエクスペリエンス」や「カスタマージャーニー」という言葉が流行る昨今、大きな意味を持ち始めています。購買の際の選択のストレスに着目するというのは非常に参考になる考え方です。

マーケティングのさまざまな場面で応用できるのが**ツァイガルニック効果**です。これも知名度は高くありませんが、実はさまざまな場面に応用されている法則です。

顧客維持型マーケティングと関連が深いのが**5：25の法則**です。これはサービス・マネジメントにも通じる法則です。顧客の生涯価値が注目が浴びる現代において、しっかり理解しておきたい考え方です。

マーケティングは、STP-4Pに代表されるオーソドックスな方程式が有効性を発揮する領域ですが、一方で、顧客の心理を掴むちょっとした工夫が成果を上げる分野でもあります。そうしたことも意識しながら読み進めてください。

12 限界効用逓減の法則

消費量が増えるにしたがって追加1単位当たりの便益が徐々に下がっていくこと。経済学の基本的な定理とされる。

分野 ▶ エコノミクス、マーケティング

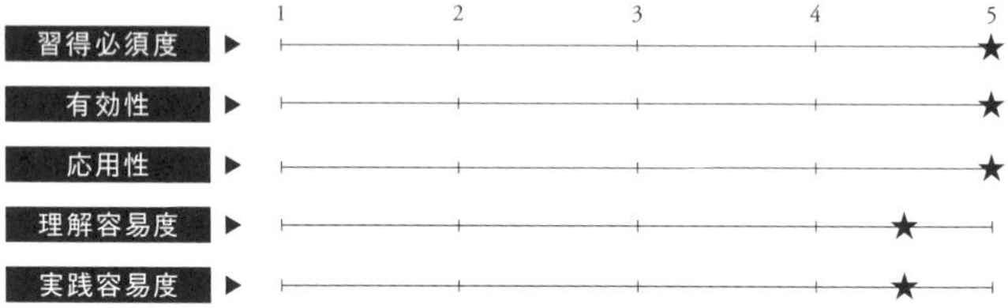

基礎を学ぶ

活用／意識すべき場面

- 売上げや利益を最大化するような価格を探る
- 提供コストとのバランスを見ることで、収益予測に役立てる

考え方

今までの消費量が1個であれば2個目を消費したときの効用、いままでの消費量が100個であれば101個目を消費したときの効用を限界効用と呼びます。「限界」とは数学でいう微分のことと考えればいいでしょう。

具体例で考えてみましょう。夏の暑い日にビールを飲むとします。最初の生ビール500mlに皆さんはいくらまで出してもいいと思うでしょうか？　人にもよりますが、1000円出してもいいという人も少なくはないでしょう。では2本目はどうでしょう？　最初の1杯目には1000円を出した人でも2杯目となると500円くらいとその価値は下がるでしょう。そして3杯目になれば、300円程度

図表12-1 限界効用逓減

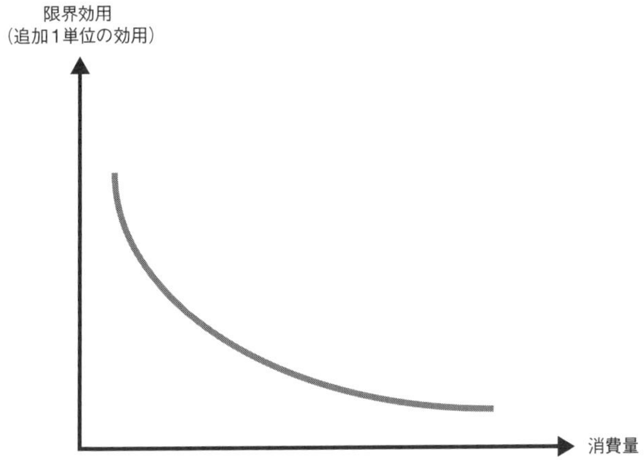

に下がってしまうのではないでしょうか。ましてや11杯目くらいになれば、「酔ってしまって気分が良くないからおカネをもらっても飲みたくない」という人が多いでしょう。

このケースでは、1杯目から2杯目の効用はマイナス500円、2杯目から3杯目の効用はマイナス200円と下がっていきました。このように、一般には、追加消費1個当たりの効用はどんどん下がっていきます。これが限界効用逓減です。

需要供給曲線において、需要が右肩下がりに描かれるのは、この限界効用逓減のメカニズムが働くからです。先のビールの例でいえば、人によって低減のスピードは異なるでしょうが、トータルとしては、数量が増せば増すほど価格は低くなっていきます。

限界効用逓減の法則の応用版が、ゴッセンの第2法則と呼ばれるものです。これは複数の財（商品）があったとき、人は各財の費用対限界効用の比が等しくなるように選択するという法則です。たとえば、どれだけビールが好きな人でも、飲み会でビールばかり飲んでいると、他のアルコールやノンアルコール飲料が欲しくなるものです。これは、ビールの限界効用が低くなり、他の飲料の限界効用を下回ったからと解釈されるわけです。

事例で確認

実際に筆者がアンケートをとった例です。ある程度お腹がすいた状態で、どれだけコンビニエンスストアで売っているようなおにぎり（シャケや梅など典型的なもの）に支払うかという問いをしたところ、**図表12-2**のような結果が得られました。ここでは10人のサンプルをとりましたが、すべての人が1つ消費量が増えるにしたがって、その金銭的価値が下がっていきました。もちろん、合計するときれいな右肩下がりの需要曲線になります。

さて、面白いのはここからです。仮に、世の中にこの10人しか消費者がいなかったらどうなるでしょうか？　買い置きなどのケースは捨象して、その場で皆が一気に買いきると仮定します。いくらの値付けをすれば、お店の収入は最も大きくなるでしょうか？

仮に500円とすると、売れるのはA氏に対する1個だけですから売上げは500円です。これが250円になると合計13個売れますから、3,250円の売上高になります。

価格が100円だと、売上個数は30個になります。売上は3,000円となり、250円の時を下回ります。売上額で判断するのであれば、このケースでは、150円の値付けで23個売り、3,450円を得るのが良い値付けとなります。

実際には1個当たりの原価がありますから、それを引いた利益を最大化する個数は、また違う結果となります。これはかなり単純化した例ですが、値付けにあたってはこうした分析が大いに役に立つのです。

図表12-2 限界効用逓減の具体例事例

10人の人間に、おにぎりをいくらで買うか聞いてみた

単位：円

	A氏	B氏	C氏	D氏	E氏	F氏	G氏	H氏	I氏	J氏
1個目	500	400	350	350	300	300	250	250	250	130
2個目	400	300	250	240	200	170	160	150	140	100
3個目	300	200	150	150	100					
4個目	200	150	100							
5個目	130	100								

注：100円未満の結果は省略

コツ・留意点

1 限界効用はほとんどの場合において逓減しますが、中には例外的なケースもあります。たとえば、ある個数を集めると何かしらのボーナスが手に入る場合は、そこだけ限界効用が跳ね上がります。その他にも、買えば買うだけメリットがあるという条件が満たされている場合には、局所的に限界効用が逓増することがあります。ただし、企業にも予算というものがありますので、いつまでもメリットを提供できるわけではありません。そのため、限界効用は結局は逓減していくのです。

2 限界効用逓減は、しばしば収穫逓増と混同されることがあります。収穫逓増とは、追加単位当たりのアウトプットや効率が上がることで、26ページで説明したネットワーク経済性がその典型例です。ただし、ネットワーク経済性が効いても、消費者の立場から考えれば、自分がそのサービスを利用すれば利用するだけ限界効用が上がるということは稀で、上記のようにいつかは逓減していきます。よく混同されがちな概念なので、その差異を正しく認識しておくことが必要です。

13 価格弾力性

価格の変化率に対する需要の変化率。価格が高いほど需要は減る（価格が低いほど需要が増す）という原則に基づいている。

分野 ▶ エコノミクス、マーケティング

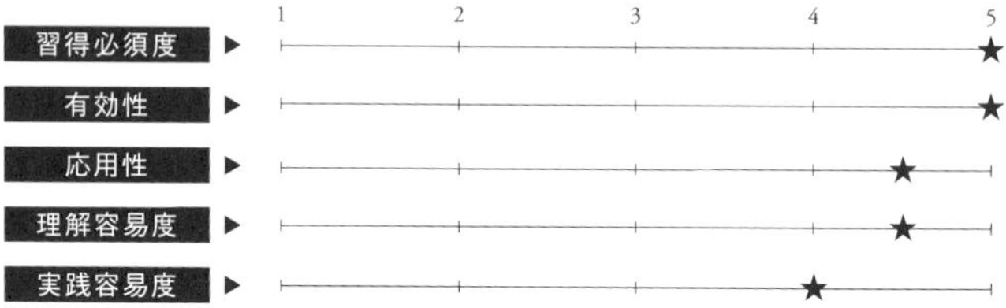

基礎を学ぶ

活用／意識すべき場面

- 適切な価格設定のための参考情報とする
- 価格を変えたときの需要を予測することで、生産や物流に対する影響を予測する
- 自社商品の競争力を知ることで、製品改良のヒントとする

考え方

前項で説明したように、モノやサービスは、価格が下がると需要が増し、価格が上がると需要が減る傾向があります。価格弾力性とは、その程度を示すもので、正式には以下の式で定義されます。

$$\text{価格弾力性} = -\frac{(Q_1 - Q_0) \div \{(Q_1 + Q_0) \div 2\}}{(P_1 - P_0) \div \{(P_1 + P_0) \div 2\}}$$

Q_0 ＝価格変更前の販売数量　　Q_1 ＝価格変更後の販売数量

P_0 ＝変更前の価格　　P_1 ＝変更後の価格

図表13-1 価格弾力性

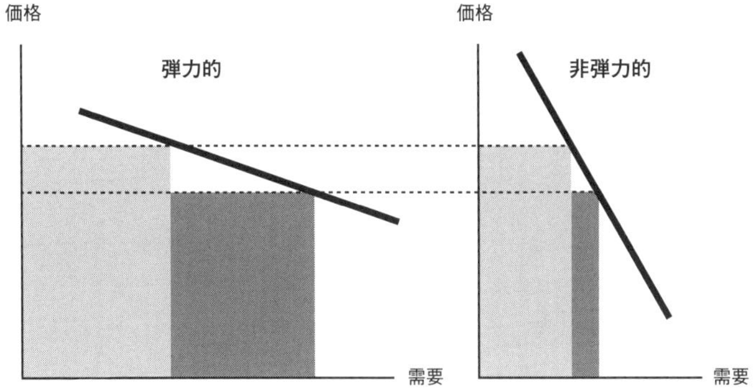

この計算式から得られる価格弾力性の値が1の場合、価格の変化率と同じ率だけ販売量の変化率も上昇することを意味します。価格弾力性が1よりも大きければ、価格の増加率以上に販売量が増減する（価格変化によって販売量は大きく変動する）のに対し、1よりも小さければ、価格の増減率ほどには販売量の増減率が大きくない（価格を上げたり下げたりしても販売量はそれほど大きく変化しない）ことを意味します。前者を（価格）弾力的、後者を非（価格）弾力的と言います。

一般には、嗜好品などは弾力性が高く、わずかな価格の差で需要が大きく変動するとされます。また、差別化されていない競合製品が多い場合も、個別の企業に関して言えば、価格の変化に対する需要の変化は大きくなります。一方、医薬品などの必需品は多少の価格変動ではあまり需要が変化せず非弾力的であると言われています。供給先が1社しかないようなケースも、多少の価格変動では需要はさほど変わりません。かつてのマイクロソフトのWindowsがその事例です。

時系列で価格弾力性を見ていくことにより、自社商品の魅力度を測ることも可能です。たとえば、いくら値下げしても、価格弾力性値が低い場合は、顧客は商品そのものに魅力を感じていないことが推測されます。その場合、価格変更はもはや有効な販促手段とはいえないので、製品コンセプトに立ち返って商品力の強化などに取り組む必要があると推定できます。

事例で確認

日経トレンディネットの記事によれば、2010年の段階で、牛丼業界では、大手3社が平均8%値下げした結果、需要が9%増加したとされます。この場合、価格弾力性は、

－9%÷（－8%）＝1.1

と計算されます。少しだけ価格弾力的だったと言えます。

見方を変えると、大手3社が元の92%に価格を下げた結果、109%の需要増となったので、売上額としては0.92×1.09＝1.0028ということで、総売上高に与える影響は少なかったことが読み取れます。販売個数が増える分、費用が増していることを考えると、この値下げ合戦は、業界にとってあまり良い結果ではなかったと言えるでしょう。

より個別にみると、業界で最も価格が安いすき家が、最も弾力性が高く、値下げによる売上げ増大効果が大きく、他の2社は値下げをしたにもかかわらず、それほど売上げが伸びなかったという結果になっています。

ただ、すき家にしても、コスト増を補うほどの売上げ増になっているとも言えず、シビアな体力勝負になっていたと言えそうです。その後、各社は体力勝負の値引き競争を止め、値上げに踏み切りましたが、商品の差別化があまりないことから、現在でも激しい競争が繰り広げられています。

図表13-2 特殊なケース

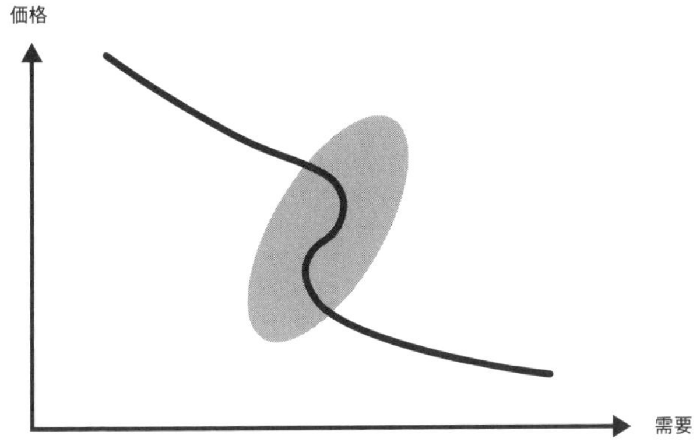

コツ・留意点

1 価格弾力性は正の値をとるのが一般的ですが、特定の商材が特別な状況にある場合は、**図表13-2**の網かけ部分に示したように、「値段を高くする方が売れる」というイレギュラーな状況が生じることがあります。一例として、高級車がそれに該当します。消費者が高級車に求める価値は、走りの良さや性能以上に、その価格そのものであることが少なくありません。つまり、「自分はこの価格のクルマを買えるほどの成功者だ」ということを示すステータスシンボルの意味合いがあるのです。それゆえ、ある価格帯では価格を下げることはかえって需要減につながる可能性が生じるのです。

2 実務で目標売上高を達成するために価格をどのくらい増減させるべきかのシミュレーションを行うときなどは、月単位や半期単位で価格の見直しが行われるので、複雑な計算によって価格弾力性値を厳密に求めるよりも、「販売価格×販売量」を何パターンか考えて、売上高の上下を予測しながら価格を決めることが多いようです。また、競合の動きや想定されるリアクションに関しても強く意識をすることが必要です。

14 ランチェスターの法則

イギリス人のエンジニアF・W・ランチェスターが第一次世界大戦の際に発見した戦闘の数理モデル。後に経営戦略やマーケティング戦略に応用されるようになった。

基礎を学ぶ

活用／意識すべき場面

- 競争戦略を練る際に、現状のシェアに見合った戦い方の指針を得る
- 競合に勝つためにどのくらいの経営資源が必要とされるかを見積もる

考え方

ランチェスターの法則は、一時は日本で最も流行ったといってもいいくらい浸透したビジネス法則です。元々は、戦争時の戦闘において、相手の何倍の戦力があると戦闘の結果にどのような影響があるかを試算するところから研究が進みました。ビジネスに転用され始めたのは1950年代頃からで、日本では特に70年代以降に隆盛を迎えます。

その説くところは非常にシンプルで、現行のシェアによって、その戦い方が変わるというものです。

図表14-1 ランチェスターの法則におけるシェアとその意味合い

シェア	目標値	意味合い
73.9%	上限目標値	絶対的に安全な地位
41.7%	安定目標値	圧倒的に有利な地位。首位独走のための目標
26.1%	下限目標値	強者の最低条件。これを下回ると、シェア1位でも安泰ではない
19.3%	上位目標値	弱者の中の強者。戦いは容易ではない
10.9%	影響目標値	市場に一定の影響力を持つ
6.8%	存在目標値	存在が認められるギリギリのライン
2.8%	拠点目標値	市場における橋頭堡的シェア

出典：田岡信夫『ランチェスター販売戦略』サンマーク出版をもとに作成

元々のランチェスターが提唱した戦略は、数式を用いた第1法則（戦力は物量の1乗で効いてくる）と第2法則（戦力は物量の2乗で効いてくる）の2つから成ります（図表14-2）。

ただし、一般にはオリジナルのこの2つではなく、「強者の戦略」と「弱者の戦略」の2つの戦略に読み替えられて応用されています。本書でも、以下、この2つの戦略の解説をメインに説明を行います。

まず、強者の戦略とはシェアナンバー1企業の戦略です。物量に勝る強者は、その強みが存分に活かせる戦い方をすべきです。具体的には、

- 弱者のやり方を模倣する
- 競合と同じ性能の経営資源を持つ
- 1対1ではなく、多対1の状況に持ち込む
- ニッチではなく、広い戦場で戦う

といったことになります。

一方弱者は、なるべく局地戦に持ち込むのが望ましいとされます。具体的には強者の戦略とは逆で、

- 強者のやり方は真似ない
- 強者よりも優れた経営資源を開発・保持する
- 1対1の戦いに持ち込む
- ニッチを攻める

などです。これは、マイケル・ポーター教授の3つの基本戦略に当てはめると、チャレンジャー以下のプレーヤーは差別化戦略もしくは集中戦略で戦うべきということを意味し、現代の経営理論とも概ね整合はとれています。

事例で確認

例として、新聞業界を見てみましょう。2015年上期の時点で、日刊紙の総発売部数はおよそ4400万部となります（スポーツ紙なども含む）。日本で最も部数の多い読売新聞ですら、発売部数は912万部ですから、全国におけるシェアは20%強となります。

とは言え、読売新聞を**図表14-1**の「弱者の中の強者」と見るのは適切ではないでしょう。

ここでは、スポーツ紙や夕刊紙などは除き、全国紙と言われている5紙（読売、朝日、毎日、日経、産経）の間で比較を行うのがより適切と言えそうです。この5紙だけの間のシェアを見ると、読売新聞のシェアはおよそ39%となり、首位独走のためのシェアにかなり近くなっていると言えます。

一方、第4位の日経新聞（5紙間のシェア11.6%）と、第5位の産経新聞（同7.7%）は概ねニッチ戦略を打ち出しており、理に適った戦略をとっているということが言えそうです。特に日経新聞は高価格でハイエンド層に食い込んでおり、差別化集中戦略の成功例と言えるでしょう。

図表14-2 ランチェスターの第1法則と第2法則

【ランチェスターの第1法則】

$$A_0 - A_t = E\,(B_0 - B_t)$$

【ランチェスターの第2法則】

$$A_0^2 - A_t^2 = E\,(B_0^2 - B_t^2)$$

A_0： A軍の初期の兵員数

A_t： 時間tにおけるA軍の残存する兵員

B_0： B軍の初期の兵員

B_t： 時間tにおけるB軍の残存する兵員数

E： 武器性能比

コツ・留意点

1 ランチェスターの法則は有効ではあるものの、シェアに注目が行きすぎており、実際の保有戦力に目が行っていないという批判があります。たとえば、シェアが高いことに慢心してしまい、営業力や製品開発力が見た目ほど強くないという状況です。こうした状況では、往々にしてチャレンジャーに足元をすくわれかねません。また、シェアの高い企業がしばしば成功に慢心し、顧客視点を持ち切れなくなるという指摘もあります。たとえばかつて80年代のキリンビールは60%という圧倒的なシェアを持っていたものの、市場ニーズの変化（苦い味よりライトな味を好む）は把握しつつも、それに対応できず、アサヒビールの「スーパードライ」に市場を明け渡してしまったのです。

2 ランチェスターの法則から得られる示唆の中でも、最も現代にも通じる有効なものは、選んだ市場の中では圧倒的なナンバー1、可能であればオンリーワンを目指せというものでしょう。ブルー・オーシャン戦略やホワイトスペース戦略など、近年でも自社が圧倒的に強い立場を築くための戦略論はしばしば提唱されますが、それだけこの戦い方は普遍的と言えるのかもしれません。

15 バンドワゴン効果とアンダードッグ効果

バンドワゴン効果は、周りの人間の行動に自分もつられて行動したり安心感を得たりする人間の性向。アンダードッグ効果は、逆に、周りの人間の行動に逆らう人間の性向。

分野 ▶ マーケティング、組織行動学

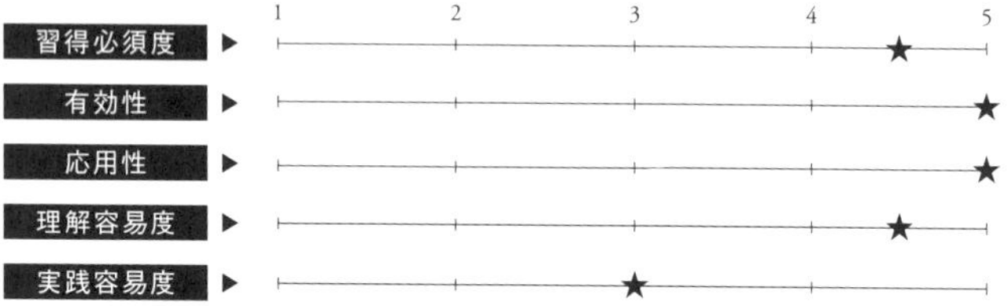

基礎を学ぶ

活用／意識すべき場面

- マーケティングのプロモーションのヒントとする
- 組織変革において早期に多数の人間の支持を得るためのヒントとする
- 選挙活動に活かす

考え方

バンドワゴンとは、もともと行列の先頭を行く楽隊車のことを指します。バンドワゴン効果は、ある製品や人物の人気や支持率が高まるほど、ますますそれが加速していく現象のことです。アメリカの経済学者、ハーヴェイ・ライベンシュタインが提唱しました。勝ち馬効果とも言います。経済学でいう外部性の一種であり、しばしばネットワーク外部性（26ページ参照）と関連して説明されることもあります。

ビジネスにおける例としては、ヒット商品が生まれた場合に、自

図表15-1 バンドワゴン効果

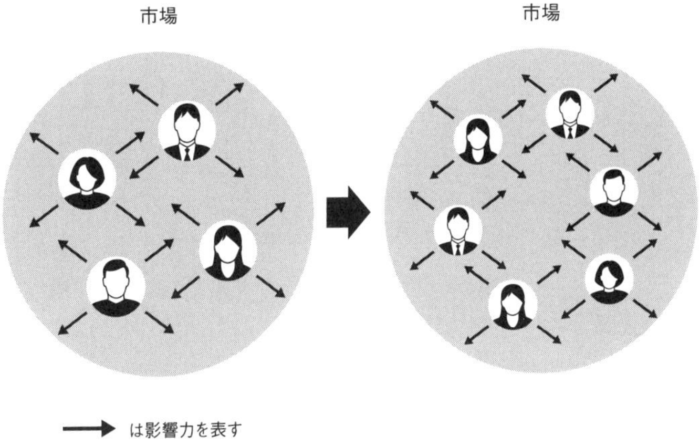

分もそれを保有したくなる現象として表れるのが典型的です。「多くの人が買うのだから良いものなのだろう」という心理が働くことや、すでに購買した人間からの口コミに左右されることなどによって発生するとされます。158ページで説明する「社会的証明」の効果も強く働いています。

イノベーターの理論でいえば、アーリーアダプター層（早期受容者）からアーリーマジョリティ層（早期大衆）に製品が広がっていく時期に、このバンドワゴン効果が重要となるとされます。

マーケティングの実務では、それが流行っているという状況を伝えるプロモーションが効果的です。例えば出版社や書店がある書籍を販売する時に、「早くも50万部突破」などといったPOPを書店内にかかげたり、同じ書籍を一面に数十冊も平面的に並べたりするのは、そうした効果を狙ったものです。

組織行動学の分野では、選挙において投票者が事前アンケートの結果などに影響され、地滑り的にある候補が勝利する場合などに

1章 経営戦略編
2章 統計・エコノミクス編
3章 マーケティング編
4章 組織マネジメント編
5章 人の行動原理編
6章 人間心理編
7章 その他上級編

「バンドワゴン効果が効いた」と言います。

特に記名投票の場合には、多数派になっておくことは、後々自分の立場を有利にすることが多いものです。それゆえ、政治の世界などでは、「政治を理解している人間は、勝ち馬に投票するものだ」という言い方がされることがあるのです。

一方で、アンダードッグ効果と呼ばれる逆の現象もしばしば起こります。選挙でいえば、事前調査などで不利な候補を応援するという現象です。判官贔屓にも通じる人間の性向と言えます。

マーケティングにおいてもアンダードッグ効果的なものが生じる場合があります。自分の個性を大事にして「人と同じものは持ちたくない」と考える人間や、天の邪鬼的な性格の人間がこうした行動をとりがちです。

事例で確認

バンドワゴン効果で一気にブームに火がついた例として、2014年に子どもに大人気となった「妖怪ウォッチ」があります。この作品は2012年に「月刊コロコロコミック」でコミック連載が開始されました。翌2013年の7月にゲーム化されましたが、初週の売上げはおよそ5万本、その後は徐々に右肩下がりになるという平凡なものでした。

状況が変わったのは、アニメ放送が始まってからです。人気に火が付き、ゲームの売れ行きも一気に伸びていきました。子どもが友人と遊ぶ際にゲームは非常に大事なツールです。ましてや、大人気のゲームともなれば、そこに参加できないと非常に大きな疎外感を味わうことになります。仲間の輪に入るためにも、妖怪ウォッチをテレビで観たりゲームをプレイすることは、子どもにとっては当たり前の行動になったのです。

図表15-2 アンダードッグ効果

コツ・留意点

1 バンドワゴン効果は、1社のみで行うよりも、業界数社が協力して行うと、よりその効果が増します。そうした業界の典型例はファッション業界です。たとえば、流行のアイテムや流行の色などを1社のみで生み出そうとしてもなかなか効果はでません。そこで、業界の主要プレーヤーが連携するとともに、マスコミなども巻き込み、「今年の流行りはコレ」といったキャンペーンを展開するのです。その結果、そのファッションを身につける人が増えると、他の人間もそれに触れる機会が増え、自分も買ってみたいと思うようになります。こうして購買者が増え、ますますブームは広がっていくのです。

2 国政選挙や首長選挙などでは新聞やテレビが世論調査を行い、それが人々の投票行動に影響を与えます。民間組織においても、選挙（例：私立大学における理事長選挙など）が行われる場合には、バンドワゴン効果／アンダードッグ効果を引き起こそうとして、選挙運動中に投票意向を調べて発表するということが戦術として存在します。難しいのは接戦の場合で、往々にして狙いと逆の効果が働くことがあります。戦術に溺れすぎないことが肝要です。

16 OATHの法則

顧客の問題意識にそって、顧客は4つのステージに分かれるという法則。「オースフォーミュラ」と呼ぶ。マイケル・フォーティンが提唱した。

基礎を学ぶ

活用／意識すべき場面

- マーケティングにおいて、効果的なプロモーション戦略立案のヒントにする
- 顧客の分布に応じて具体的なコミュニケーションメッセージを決める

考え方

OATHの法則は顧客の態度変容プロセスの1つとも言えるもので、その意味では、AIDA、AIDMAと通じるものがあります。AIDAやAIDMAの法則、フレームワークが、製品そのものについて知っているか、関心があるかといった点に着目するのに対し、OATHでは顧客の全般的な問題意識の状況に着目します。

最初のO（Oblivious）の段階は、（潜在）顧客が問題意識どころか全くその事柄に関して無知の段階です。社会人の経営学の学習を例に考えてみましょう。この段階の顧客は、経営学を学ぶことの意

図表16-1 OATHの法則

O (Oblivious)	無知
A (Apathetic)	無関心
T (Thinking)	考えている
H (Hurting)	困っている

義やその必要性について全く理解していません。企業としては、最も買ってもらうのが難しい顧客と言えます。経営教育そのものについて知らしめるとともに、その意義をしつこく伝える教育的なコミュニケーションが必要となります。

次の段階はA（Apathetic）です。この段階では、顧客は何かしらの問題意識を持ってはいるものの、それを問題として解決しなくてはならないという意識はありません。必然性や意義をまだ深く理解していない段階と言えます。「経営学を勉強しなくてもどうということはない」という段階です。ただし、全く無知というわけではないので、経営教育の必要性などを伝えることができれば、サービス購入の可能性は高まると言えます。

3つ目の段階はT（Thinking）です。この段階の顧客は問題意識も高く、経営を学ぶことの意義などもある程度理解しています。しかし、どこの企業や学校のサービスを利用すべきかなどといった具体的な選択肢にまでは絞り込めていません。企業としては比較的買ってもらいやすい顧客ではありますが、だからといって、必ずしも自社が選ばれるわけではない点には注意する必要があります。

最後のH（Hurting）はまさに顧客が困っており、経営教育を受ける必要性を痛切に感じている段階です。例えば、経営者として海外子会社に赴任することになったのに、体系的な経営教育を受けておらず不安があるといった状況です。この段階の顧客に対しては、経営教育の必要性を説く必要はもはやありません。何かあれば試してみたいという状況でもあるので、自社のサービスが選ばれやすい状況を作ることが重要です。経営教育であれば、SEOで最上位に表示されるようにする、一般消費財であれば、小売店の棚の一番よい場所を押さえるなどです。

事例で確認

育毛剤を例にとりましょう。日本人の成人男性の薄毛率は20％程度とされています。一方で、ある調査によると、薄毛で悩んでいると答えた30代以上の男性の比率は50％に上ります。20代の薄毛率が低いことを考えると、30代以上の男性の薄毛率は20数％と言えそうです。現実以上に、「薄毛になるのではないか」という懸念や恐怖心を抱いている人が多いと言えそうです（**図表16-2**）。

育毛剤のターゲットとして有望なのは、この薄毛に悩んでいるおよそ55％の人々となるでしょう。OATHでいえば、TもしくはHの段階にあることが想定できます。すでに問題意識は十分に高い人々が多いので、企業としては、「薄毛がカッコ悪い」とコミュニケーションする必要はあまりありません。コミュニケーションするのであれば、「薄毛は育毛剤で防止できる」といったことになるでしょう。当然、自社製品ならではのメリットを伝えたり、チャネルに働きかけて棚を押さえることも重要になってきます。

図表16-2 30代以上の男性の薄毛に関するOATHの事例

O：無知	20%
A：無関心	25%
T：考えている	30%
H：困っている	25%

出所：アンケート調査より執筆者推定

コツ・留意点

1 OATHは、AIDAやAIDMAのように顧客の態度変容プロセスのフレームワークとしても使えますが、同時に、顧客のセグメンテーション変数としても用いることができます。企業にとって最も売りやすいのはTやHのステージにいる顧客です。これらの顧客層を見つけ、マーケティング、特にコミュニケーションを行うと、全体に対してマーケティングを行うよりも費用対効果の高い結果を残すことができるのです。

2 企業にとってハードルが高いのは、OやAのステージにある顧客の教育です。例えば育毛剤の例でいえば、実際にすでに薄毛でも「それで問題ない」と感じている人に問題意識を持ってもらうのは難しいものです。経営教育の例でも、「経営教育をわざわざ受けなくとも不都合はない」という人々を啓蒙するのは簡単ではありません。通常は、広告だけではなかなかそうした効果は得られません。経営教育であればその必然性を説くためのパブリシティや、WEBの記事への誘導が有効となるでしょう。企業としては、「利用しないとまずいのではないか」と思ってもらえるコミュニケーションに力を入れる必要があります。

17 ジャムの法則

選択肢が多いと、選択肢が少ない場合よりも意思決定が難しくなり、購買に至る割合も減るという法則。シーナ・アイエンガーが提唱した。アイエンガーの法則とも呼ばれる。

分野 ▶ マーケティング、ネゴシエーション

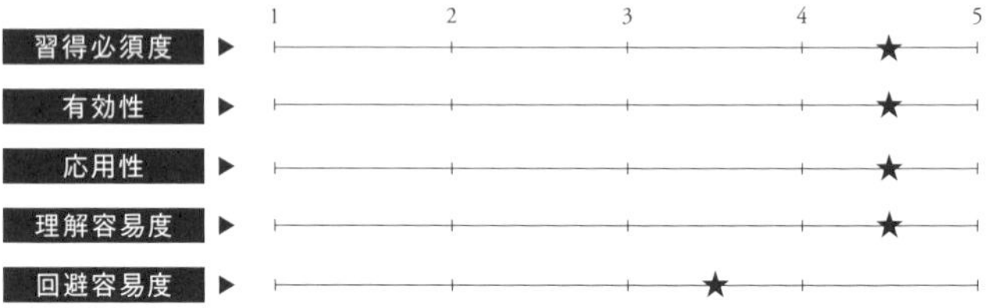

基礎を学ぶ

活用／意識すべき場面

- 最適な品ぞろえのヒントとする
- 顧客にとってどのような購買経験がストレスが小さくなるかを見極める
- アンケート項目の設計に活かす
- 交渉において、合意形成を促しやすい選択肢を準備するヒントとする

考え方

ジャムの法則は、食品のジャムを用いた実験から命名されたものです。『選択の科学』（文藝春秋）の著書としても名高いコロンビア大学のシーナ・アイエンガーは次のような実験を行いました。

彼女は、ある小売店において、2つのテーブルを用意し、片方のテーブルには6種類のジャム、もう片方のテーブルには24種類のジャムを並べました。どちらのテーブルも試食をした人の人数は同

図表17-1 ジャムの法則

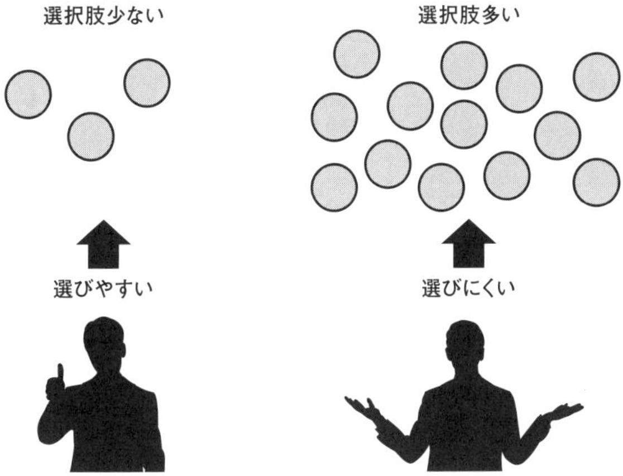

じです。重要なポイントは、最終的に購買に至った購買者の比率です。6種類のジャムのテーブルの購買率がおよそ30%だったのに対して、24種類のテーブルでは3%にまで購入者比率が激減してしまったのです。

この結果から、アイエンガーは、人は選択肢が多くなりすぎるとかえって選択に手間暇がかかってしまい、最終的な購入の意思決定がしづらくなるという法則を導き出しました。

理由は、人間はそんなに多数の選択肢から最適なものを選ぶ能力を持ち合わせてはいないし、それを強いられることはむしろストレスになるというものです。

ジャムの法則はマーケティングやマーチャンダイジングの世界でよく活用されています。商材のタイプやシチュエーション（顧客に与えられた選択のための時間など）にもよりますが、小売店で売られているような平均的な消費財では、5〜9アイテム程度の品ぞろえが有効とアイエンガーは述べています。

もちろん、住宅のように高価かつ時間をたっぷりかけられるような商材はもっと多くの品ぞろえがあっても何ら問題はありません。あるいは、選ぶことそのものが楽しみともなるラグジュアリーや高級時計なども、選択肢の多さはそれほど問題にはなりません。

しかし、選択の時間が限られる安価な消費財では、選択という「面倒な」行為を顧客に強いることはストレスの方が大きく、決してプラスにはならないというのがジャムの法則の趣旨です。

ジャムの法則は交渉の場にも応用できます。交渉術のセオリーに従えば、「自分にとっては大事ではないけど、相手にとっては大事なもの」を交換することで、相互の効用を増すWin-Winの交渉が良い交渉とされており、争点（交渉の土俵に上る論点）の数は多ければ多いほどWin-Winが実現されやすいとされています。

しかし、これも条件次第です。短い時間しかない時に、いきなりたくさんの争点を示されると、人間は瞬時にそれを判断して交渉することはできません。本来であれば妥結し、お互いが満足できた案件を、過剰な争点の数を示すことで壊すことは愚の骨頂ですので、避ける必要があります。

事例で確認

筆者はあるアンケートサイトにモニター登録をしているのですが、最も困るアンケートは、数十の選択肢について該当するかしないかを答えさせるというものです。例えばある企業のイメージについて、「活気がある」「一流である」などの選択肢が20個以上並ぶといったイメージです。しかも、企業数も数社あります。

このようなアンケートが出てくると、正確に答えるのは非常に面倒になるため、すべて「該当なし」をマークするか、そのアンケートそのものを飛ばしてしまうという行動に結びつきがちです。これもジャムの法則を援用して説明できる事例と言えるでしょう。

図表17-2 交渉におけるジャムの法則

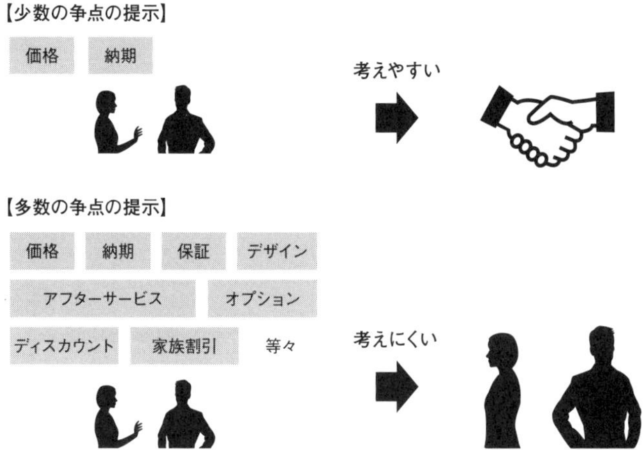

コツ・留意点

1 顧客に対する販売アイテムを絞ることは、在庫を準備するための運転資本を減らすことにもつながりますし、また物流や商品管理の負荷を減らすことでコストダウンの効果もあります。マーケティング的に売上げを増やす効果に加え、それ以外にも経営的なメリットがあるということです。特に小売店などは、往々にして顧客の要望に応じて品ぞろえを増やしがちですが、適切な品数に絞ることはそれ以上のメリットがあることを銘記したいものです。

2 選択をするという行為は、楽しみになることもある半面、非常にストレスのかかる行動です。別の有名な実験では、あるものを選択した理由を文章に書かなくてはいけないという別のストレスのかかる条件をつけた場合、自分が好ましいと思うものよりも、自分が文章で説明しやすいものを選ぶ傾向がみられたということです。これは、特にBtoBの商材においては、真に好ましいものよりも、社内で説明しやすいものを選んでいる可能性が高いことを示唆します。売り手の立場から言えば、社内への説明のしやすさを増してあげることで、選択されるチャンスが増えるということです。

18 ツァイガルニック効果

目標が達成されていない課題や、中断された課題に関する記憶は、目標が達成された課題に関する記憶よりも想起されやすいという効果。心理学者ブルーマ・ツァイガルニックが提唱した。

分野 ▶ マーケティング

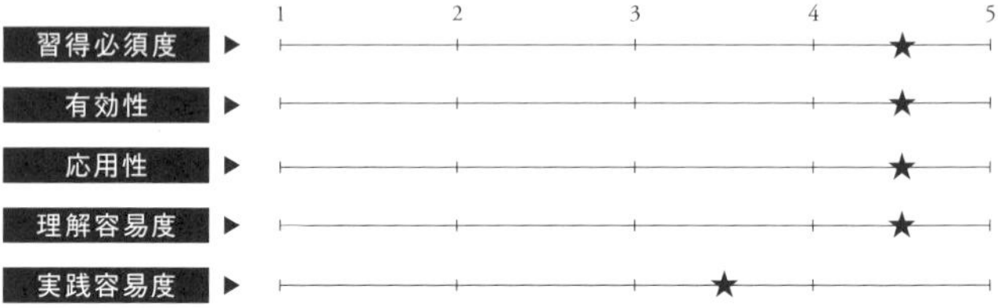

基礎を学ぶ

活用／意識すべき場面

- 課題や物語などをあえて終了させないことで人々の記憶に残るようにする
- あえて未完成なものを開発、作成することで顧客にとっての魅力度を高める
- プロセスを見せることで人々の意識を引きつける

考え方

人は、いったん課題が達成されると、そのことに関する緊張が薄れ、それに関する事柄を忘れてしまうという特徴があります。その典型は入学試験に関する知識で、ほとんどの人は試験が終わると、それまでに勉強してきたことのほとんどを忘れてしまいます。これが典型的なツァイガルニック効果です。

ツァイガルニック効果はまた、人は未完成なものを記憶しやすい、さらには完成したものよりも未完成なものにより魅力を感じる

図表18-1 ツァイガルニック効果

という人間の傾向を指しても使われます。

その典型例はミロのヴィーナスです。ミロのヴィーナスは両腕が欠けている、いわば「欠陥品」です。しかし、それがかえって強力な印象を残し、人々の想像力をかき立てるのです。おそらく、他のヴィーナス像よりも、ミロのヴィーナスの方がはるかに人々の記憶に残っているでしょう。

ミロのヴィーナス以外にも、文学や音楽などでも未完成品は多く（作曲者や作家の死が原因というケースも多い）、それがさらに作品の魅力を高めている例は少なくありません（**図表18-2**）。

ツァイガルニック効果はさらに、完成品もさることながら、完成品ができるまでのプロセスに人々は強く惹かれるという効果を説明する際にも用いられます。

メイキングのビデオなどに人々が関心を持つものこうした効果によるものですし、有名ではなかった役者や小説家が大物になっていく様子をファンが楽しむのもツァイガルニック効果の延長と言えるでしょう。
　ツァイガルニック効果を活用している最も典型的な例といわれるのは、テレビの番組作りです。連続ドラマであれば、最後のシーンが、次回を面白い展開を想起させるものであれば、人々はそれを強く記憶に残します。バラエティ番組などで、「続きはCMの後で」などとテロップが入ったり、映画館の広告で、印象的なシーンを抜粋して全体の物語を想起させたりするのもそうした事例です。

事例で確認

　ツァイガルニック効果を活用し、その成長過程を見せることでファンの関心を引きつけた例にアイドルグループの「モーニング娘。」の初期の時代があります。
「モーニング娘。」はもともとテレビ番組「ASAYAN」の企画から1997年に生まれたユニットです。最初のシングルCD「愛の種」はインディーズ系で、それを5日間で5万枚手売りできたらメジャーデビューできるという、一般の常識から考えるとかなり高いハードルの条件が課されました。
　これは視聴者の関心を大きく引き寄せ、実際には購入希望者が殺到し、数日間で売り切れとなりました。さまざまな課題を乗り越えていく彼女たちの活躍は大きな共感を得、あっという間に人気者になっていったのです。
　しかも、人気が出た後もメンバーの入れ替えは活発に行われ、「完成形」という状況は生まれませんでした。これがファンの関心をさらに引きよせるようにもなりました。人気のピークは2000年頃だったと思われますが、現在に至るまでユニットはメンバーを変えながら持続しています。同様の手法はAKB48などでも用いられており、エンターテインメント業界の1つの型となっています。

図表18-2 未完の作品等の例

文学	『カラマーゾフの兄弟』（ドストエフスキー） 『城』（カフカ） 『金色夜叉』（尾崎紅葉） 『大菩薩峠』（中里介山）
音楽	「未完成交響曲」（シューベルト） 「交響曲第10番」（マーラー）
漫画	「銀と金」（福本伸行） 「ヘルタースケルター」（岡崎京子）
数学（未解決問題）	「P≠NP予想」 「リーマン予想」

コツ・留意点

1 例えば番組作りなどにおいて、ツァイガルニック効果を用いて人々の期待を高め、記憶に残すことは確かに有効ではありますが、肝心の後から出てくるコンテンツが視聴者の期待を下回ってしまった場合、かえって顧客の満足度を下げることになりかねません。まして、それが何回も続いてしまうと、「どうせテクニックとしてやっているだけだろう」との評価が根付いてしまいます。すでにテレビ番組の「続きはCMの後で」は、そうした印象を強く持たれていると言えるかもしれません。顧客満足度は事前の期待にどれだけ応えられるかで決まるという基本はしっかり押さえておきたいものです。

2 ツァイガルニック効果はマーケティングのテクニックとして紹介されることが多いですが、もともとは一般的な心理学の傾向です。人間が自己肯定感を持てない理由として、過去の失敗（成功に至らなかったこと）が記憶に残りすぎるということがあります。卑近な例では、失恋に懲りて恋愛恐怖症になってしまうなどです。一度、自分の内面をしっかり見直し、自己肯定感を削ぐようなマイナスの印象付けがないか確認しておきたいものです。

19 5：25の法則

顧客の離脱率を5%改善すると、利益が25%改善するという経験則。顧客維持の重要性を示す法則とされる。

分野 ▶ マーケティング

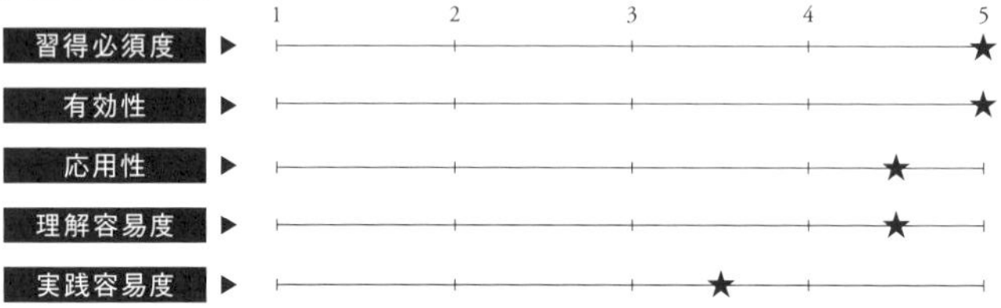

基礎を学ぶ

活用／意識すべき場面

- 新規顧客獲得と既存顧客維持に対する社内の経営資源配分のヒントにする
- 既存顧客の顧客満足度やロイヤリティを知り、その維持策を図る

考え方

近年、既存顧客を維持する方が、企業の業績向上に有効であるという考え方が広まってきました。その背景には、市場が成熟して「モノ余り」の状況になり、新規顧客の開拓がかつてに比べて難しくなってきたという事情があります。また、ITの進化により、CRM（カスタマー・リレーション・マーケティング）が容易になってきたという背景もあります。

そうした中で、現実に顧客維持率の向上がどのくらい利益に影響を与えるかを経験的に示したのが5：25の法則です。

ではなぜ既存顧客維持はここまで利益に貢献するのでしょうか？

図表19-1 5:25の法則

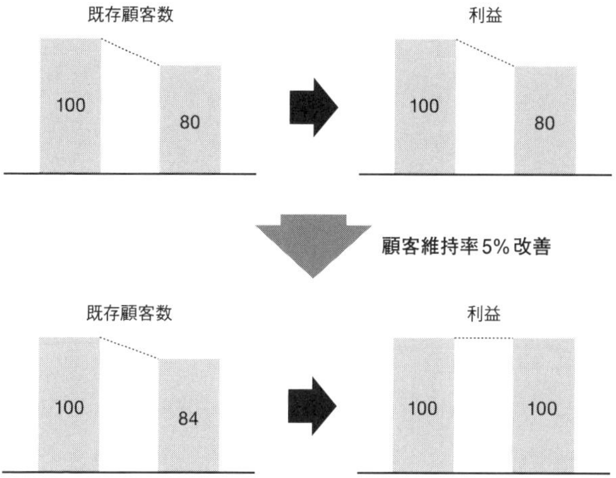

既存顧客の離脱を防ぐべく満足度を高めれば、リピート購入を促したり、口コミでの新規顧客獲得を容易にしたり、顧客の値下げ要求を下げることにもつながります。

それを定量的に示したのが**図表19-2** です。

①購買・残高増利益

その製品に満足している顧客は、1年よりも2年目、2年目よりも3年目により多額の購入をするとされています。

②営業費削減利益

既存顧客の維持にかかる営業コストは、新規顧客の獲得コストよりも普通は低くなります。すでに使用経験があるため、心理的ハードルが低くなるからです。また、顧客に学習（使用方法に関して新たに覚えなくてはならないなど）の必要性がある場合は、この部分はさらに大きくなります。

③紹介利益

いわゆる口コミの効果です。特に、新規性が高く、無形で、高額の製品・サービスになるほど、この効果は強くなります。近年はSNSの普及により、この重要性はさらに増しています。

④価格プレミアム利益

これは値下げ圧力の低下です。満足度が低い顧客からの値下げ圧力は強いものがありますが、満足度の高い顧客は、あまり値引き要求をしませんし、原材料高騰などによるコストアップの価格転嫁も受け入れやすくなります。一般に、企業の収益性に大きなインパクトを与えるのは実売価格ですから、それを維持できるメリットは企業にとって非常に大きいのです。

事例で確認

顧客の離脱に悩んでいた企業の例として有機野菜販売のらでぃっしゅぼーやがあります。同社は大手の有機野菜販売の先駆けともいえる存在ですが、生産者保護の意識が強く、顧客の選択肢が限定されている（例：配送時間の指定ができないだけではなく、どの野菜が配送されるか、消費者には来るまでわからない）という理由もあり、一時期は新規顧客の離脱率は8割近いものがありました。

それを反映して、2000年代半ばまでは赤字が続き、一時期は青汁でも有名なキューサイの傘下に入ったほどです。

一方、後発でネットを用いた有機野菜等の販売業のオイシックスは、顧客に利便性を提供することで離脱率を減らすことに成功しました。その効果もあって、比較的早い時期から利益を上げ、会社設立からわずか十数年での株式公開にこぎつけたのです。

テーマパークのディズニーランドやディズニーシー（運営はオリエンタルランド）が非常に高い収益性を誇る理由も、その離脱率の低さにあります。同社の顧客満足度やそれに伴うリピート率は非常に高く、それが利益に大きく結びついているのです。

図表19-2 顧客維持の効果

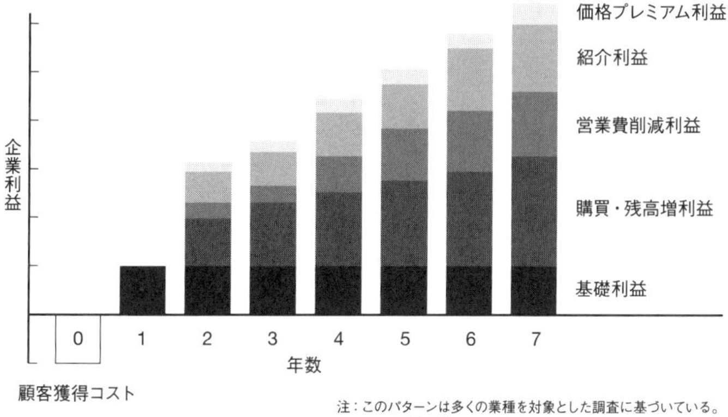

注：このパターンは多くの業種を対象とした調査に基づいている。
また、顧客維持コストは相殺されている

出典：F.F.Reichheld, W.E.Sasser Jr. “Zero defections:Quality comes to services.” *Harvard Business Review* Sept/Oct 1990

コツ・留意点

1 5:25の法則は、1:5の法則と合わせて語られることが少なくありません。1:5の法則とは、既存顧客維持のコストに比べ、新規顧客獲得のコストはその5倍大きいという経験則です。よくある錯覚は、「5:25」と「1:5」は比にすると同じなので、両者を全く同じと考えてしまうことですが、その意味合いはやや異なります。両者の意味するところを正しく認識しておくことが必要です。

2 5:25の法則にしても1:5の法則にしても、既存顧客の維持の方が比較的容易であり、かつ収益性に貢献しやすいという点では共通しています。ただし、これは新規顧客開拓の重要性が低いと言っているわけでは決してありません。特にBtoBビジネスで顕著なのですが、新規顧客獲得のための営業やマーケティング活動に経営資源を割かないと、短期的な利益は確かに上がりますが、中長期的に見ると新しい顧客が育ってこないため、収益性はむしろ下がっていきます。新規営業という難しい業務に取り組まない結果、組織のスキルが低下するという問題もあります。既存顧客維持は大切ではありますが、何事もバランスです。新規顧客獲得と既存顧客維持への適切なリソース配分が大事です。

4章

組織マネジメント編

4 章で学ぶこと

本章では、組織やそこで働く従業員の性向に関する用語を紹介します。MBAの科目で言えば、HRM（人的資源管理）やOBH（組織行動学）に相当する部分です。3章で、マーケティングがしっかりしていないと企業存続が難しいと書きましたが、それを実行するのは人であり組織です。どうすれば組織をより効果的なものにできるのか、あるいは、陥りがちな罠を避けられるのかという観点から読み進めていただければと思います。

シリル・ノースコート・パーキンソンは優れた洞察を残しましたが、彼の業績の代表的なものが、**パーキンソンの第1法則**と**第2法則**、そして**パーキンソンの凡俗法則**です。「自社にも当てはまる」と思われる方も多いのではないでしょうか、どうすればこの落とし穴を避けられるかは、いまでも多くの企業にとって大きな問題です。

パフォーマンスがばらつく**2-6-2の法則**や、「人は無能になるまで出世する」という**ピーターの法則**は、組織ならではの性向と言えます。これも回避は容易ではありませんが、ぜひヒントを探してください。

「悪貨が良貨を駆逐する」**グレシャムの法則**は、企業としては最も避けたい傾向の1つと言えるでしょう。特に、経営層に近い人には意識していただきたいところです。

ゆでガエル現象も、多くの組織で見られる現象です。経営環境がすぐに変わる昨今、これも避けたい傾向の１つです。

共有地の悲劇はゲーム理論でも説明される項目です。一人ひとりの行動と全体最適をどう折り合わせるかは、非常に難しい問題と言えるでしょう。人間の易きに流れる性向がもたらすのが「**ルールのすりぬけ**」です。特にルールを制定・運用する人間には強く意識してほしい法則です。

集団浅慮と**機長症候群**は、いずれも、多くの人間がいるにもかかわらず、好ましくない結論に至るという現象です。チームでのパフォーマンスが重視される昨今、これを避けることは非常に重要な論点となっています。

企業が成長するにしたがって、次々と異なる困難に直面するというのが、**成長の痛み（Growing Pains）**です。グロービスのベンチャーキャピタル部門でもベンチャー企業の組織開発のヒントにしていた非常に効果的な考え方です。ベンチャー企業以外の一般企業でも参考になる部分が多々あります。

繰り返しになりますが、企業のパフォーマンスを左右するのは、最後は人、組織です。本章で紹介しているのは、どれも「落とし穴」とも言えるものがほとんどです。これらを知り、対策を早目に練ることは、企業にとって非常に重要な意味を持つのです。

20 パーキンソンの第1法則と第2法則

官僚（役人）の数は、仕事の量に関係なく自己増殖を続けるという法則。政治学者のシリル・ノースコート・パーキンソンが提唱した。

分野 ▶ 人的資源管理、組織行動学

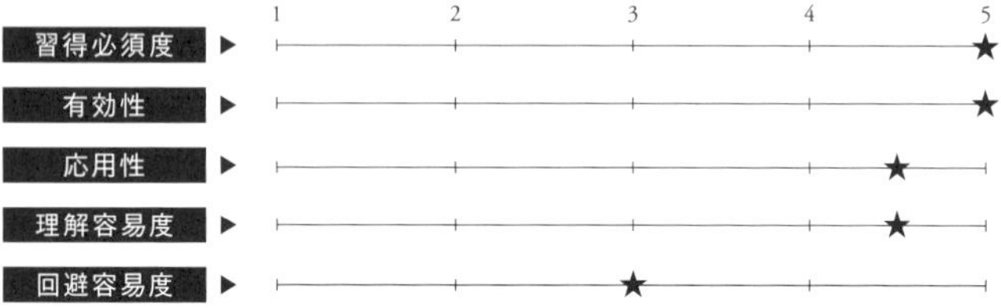

基礎を学ぶ

活用／意識すべき場面

- 企業のスタッフ機能膨大を避ける
- ムダな仕事のために人員を張り付けていないかを見極める

考え方

パーキンソンは、イギリスの官僚制に関する調査を行った結果、いくつかの法則を発見しました。その中でも最もよく知られているのがパーキンソンの第１法則と第２法則でしょう。

元々のパーキンソンの表現は、第１法則は「仕事の量は、完成のために与えられた時間をすべて満たすまで膨張する」、第２法則は「支出の額は、収入の額に達するまで膨張する」です。

しかし、一般的には、この２つの法則を合わせて、官僚（役人）はどんどん仕事を増やし、自己増殖する性質があると読み替えられています。

パーキンソンの第１法則は、官僚というものは、ステータスシン

図表20-1 パーキンソンの第1法則と第2法則

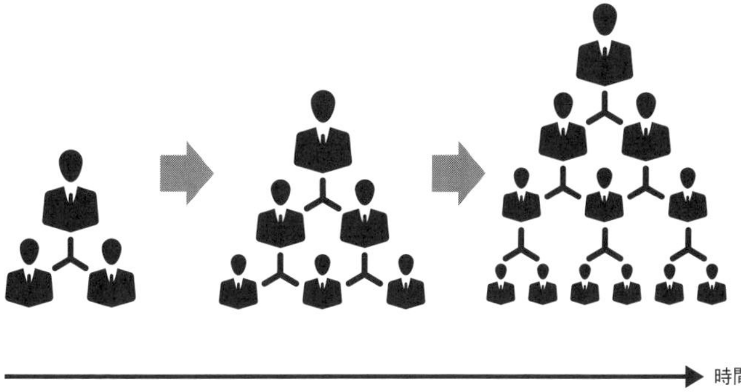

ボルとして部下が増えることを望む、あるいは、互助的に仕事を作りあうことを好むといった特性に起因するとされます。

パーキンソンの研究では、実際に必要な仕事は増えていないにもかかわらず、官僚の数は5～7%増加していたとのことです。

これを企業に当てはめると、官僚に相当するものはスタッフ機能と言えます。より具体的には、経営企画室などがその典型と言えます。経営企画室は一般に頭の切れる人が多いですから、その気になればいくらでも理由をつけて新しい仕事を作りだし、人員を増員させることができるのです。中央官庁のキャリア官僚に似ていると言えるでしょう。

経営企画室ほどではなくても、経理部や人事部なども自らの仕事を増やし、自己増殖する傾向が少なからずあります。

中小企業ではこの傾向は一般に小さいのですが、大企業になると通常スタッフ機能が拡充していきます。本来、スタッフの仕事は、ある程度、規模の経済性が働く結果、全社に占める割合は減ってもいいはずなのですが、現実にはなかなか減りません。

その理由として、大企業になると、スタッフ部門がライン（製造、営業など）以上に権力を持つようになりやすいということがあります。事実、企画室や人事部の経験が経営者への登竜門という大企業は少なくありません。もともと肥大しやすい傾向がある上に、権力が高まる結果、スタッフ部門はどんどん肥大化してしまうのです。

企業によっては「スタッフ部門の人数は全体の〇〇％を超えないこととする」などの独自ルールを設けている場合もありますが、そうした企業は少数であり、多くの大企業では必要以上にスタッフ数が増えてしまうのです。

事例で確認

やや特殊な事例ですが、スタッフ部門がなかなか減らないことを象徴的に示す事例に、M&A時におけるスタッフ部門の肥大があります。

一般に、同業とのM&Aでは、重複部分が出てきますから、その部分は削減し、人員は他の組織に配置転換を行うか退職を促すことでスリム化を行うことが一般的です。例えば銀行であれば、合併後にあまりに近くに立地することになった支店は統合し、他の人の足りない支店や部署に異動させる、あるいは派遣社員などは削減するなどが一般的です。

しかし、このようにラインはM&Aの後にスリム化することに力を入れる一方で、経営企画部門などは焼け太り的に当初の合計人数より増えることが少なくありません。なぜなら、往々にしてM&Aは経営企画部門が主導するからです。もちろん、合併直後は一時的に仕事が増えるのもわかるのですが、普通はその後もなかなか人員は減りません。結果として、M&Aを経験した企業は、相対的にスタッフ部門の人員比率が大きくなるということがしばしば起こるのです。

図表20-2 M&Aで焼け太りするスタッフ部門

ラインがスリム化する一方で、スタッフ部門はかえって増える

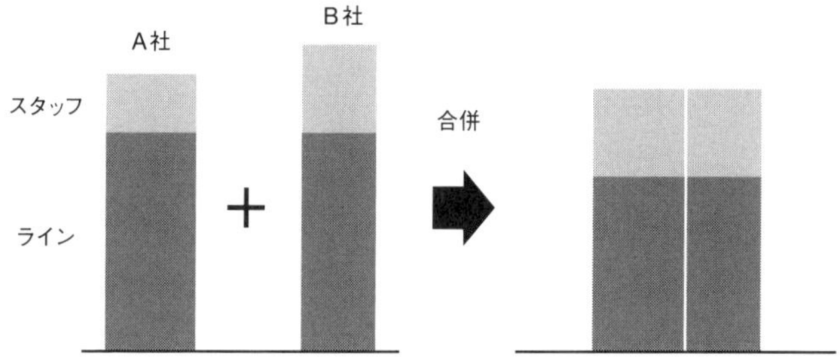

コツ・留意点

1 大企業においてスタッフ部門が肥大してしまうもう1つ大きな要因に、経営者の目が届きにくくなってしまうということがあります。スタッフ部門をいたずらに増やさないという経営者の強い意志さえあれば、パーキンソンの第1法則、第2法則はそれほど働かないものです。

2 パーキンソンの第1法則を援用すると、時間が余った人は、必要以上にある仕事に時間を使ってしまうということが言えます。ちなみに、コンサルティング業界などでは、しばしばすでに多忙なコンサルタントに大事な仕事をアサインするということが行われます。これはプロジェクトへの配賦コストを下げたり、あるいは忙しい優秀なコンサルタントの能力をさらに高めるという狙いもあるのですが、それ以上に時間の余っている（往々にしてあまり優秀ではない）コンサルタントに仕事を依頼すると、いたずらに時間を浪費してしまう割には良いパフォーマンスが生まれないという事情によります。一般企業でも、時間のある人間に仕事を任せると時間ばかりかかってしまいますから注意が必要です。

21 パーキンソンの凡俗法則

組織はどうでもいい物事に対して、過剰にエネルギーを使うという法則。政治学者のシリル・ノースコート・パーキンソンが提唱した。

分野 ▶ 人的資源管理、組織行動学

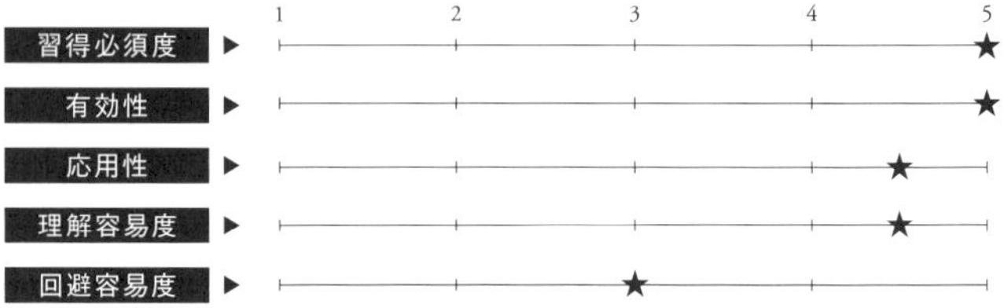

基礎を学ぶ

活用／意識すべき場面

- 重要な業務に組織の経営資源が適切に配分されているかを確認する
- 特に時間単価の高いリーダーの時間が適切に使われているかを把握する

考え方

パーキンソンの凡俗法則は、パーキンソンが提唱した法則の１つであり、近年、仕事の生産性を上げる上で注目されています。

パーキンソンがこの凡俗法則を説明する際に用いた事例は以下のようなものです。

ある委員会が、原子力発電所と自転車置き場の建設について審議をします。当然、原子炉の建設計画は、費用は巨額に上ります。しかし、話は技術的にも難しく、複雑なため、多くの人はその内容をなかなか理解できません。その結果、一部の専門家や利害関係者の

図表21-1 パーキンソンの凡俗法則

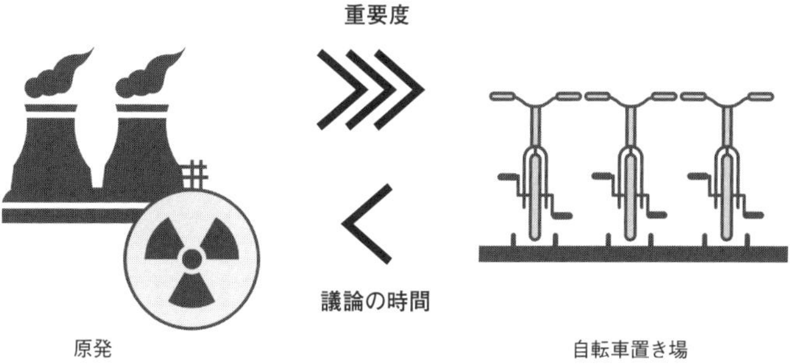

主張が強調され、会議そのものはその意見に沿いながら淡々と進んでいきます。

一方で、自転車置き場については、話も単純ですから、誰もが臆することなく発言できるようになります。どんな設計にするかなど、議論は非常に詳細にまで及びます。しかし、そもそも自転車置き場が必要なのかといった根源的なポイントについては話し合われることはありません。ひたすら瑣末なことについて、誰もが自分の存在を誇示するかのように発言をし、無駄に時間が過ぎ去っていくのです。

このように、本来の案件の重大さは全く異なるにもかかわらず、人々は瑣末なことにエネルギーを過剰に使ってしまいがちです。ちなみに、この凡俗法則は「自転車置き場問題」などと呼ばれることもあります。

パーキンソンの凡俗法則が観察される原因には様々なことがあります。上記の、簡単なテーマには口出ししやすいということに加

え、

●面倒なことからは逃げたい
●物事の本質を捉える力が弱い
●物事の重要度にあまりにも差があると、その差を適切に捉えることが出来ない
●費用対効果に対する意識が鈍い

といった多くの人間の特性が絡むものと考えられます。

事例で確認

ハーバード・ビジネススクールのロバート・スティーヴン・カプラン教授は、著書『ハーバードの"正しい疑問"を持つ技術』において、上級経営者の多くは、本来望ましい仕事に十分な時間を割いておらず、瑣末な仕事に時間をとられており、必要以上に忙しくなっていると指摘しています。これも、パーキンソンの凡俗法則が現実社会で起きている事例と言えるでしょう。

カプラン教授は、仕事の重要度を3ランクに分け、実際に使っている時間を測定した上で、レベル3の仕事ではなく、レベル1の仕事に時間を割くように説いています。

Column

パーキンソンの法則は、他にもいくつかのものがあります。102ページで述べた第1法則や第2法則、そして本項の凡俗法則以外にもしばしば取り上げられるのは、第3法則から第5法則までです。それぞれ、以下の内容を意味します。どれも非常に示唆に富む内容と言えるでしょう。

- 第3法則：組織は成長すると複雑になり、複雑になると衰退する
- 第4法則：遅延は最も厳しい拒否である
- 第5法則：重要な決定を遅らせる方法があれば、有能な官僚は必ずそれを見つける

図表21-2 時間配分を誤る例

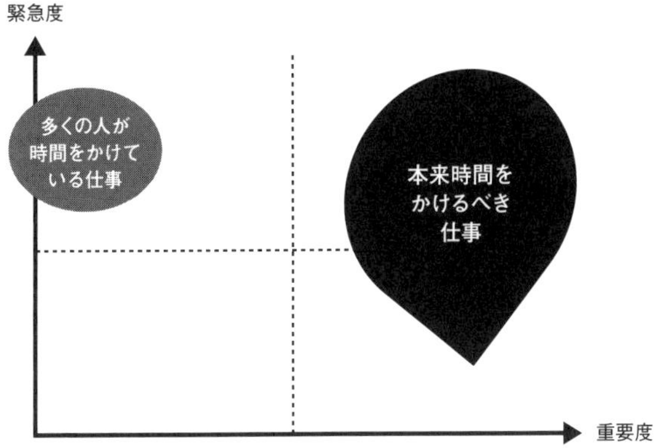

コツ・留意点

1 パーキンソンの凡俗法則を逃れる最も効果的な方法は、物事の重要性を正しく見極めることです。例えば、ベンチャー起業家がビジネスモデルの構想を練る時には、その重要なエッセンスである提供価値や利益方程式の具体的構想を描いたり、それをヒアリング等で仮説検証する作業に時間を使うことが非常に大事です。ところが、時としてパワーポイントのきれいな図を描くことに没頭してしまう人がいるのです。もちろん、人に伝えるという場面では一定の見栄えは必要かもしれませんが、このケースではやはりビジネスモデルの内容そのものを考えることにもっとエネルギーを使うべきなのです。

2 企業の上級管理職に関して言えば、彼らの時間は企業内の経営資源の中でも最も貴重なものであるという意識を正しく持つことも必要です。人間は易きに流れやすいですから、人間関係のトラブルを恐れてすぐに安請け合いをしたり、昔から馴染んでいる仕事につい時間を使いがちです。しかし、これでは組織の生産性は上がりません。上級管理職は、自分がやる必要がない仕事については、能力開発も兼ねて、どんどん部下に任せるべきなのです。

22 2-6-2の法則

あらゆる組織において、仕事がよくできる人が2割、まずまずの人が6割、仕事ができない人が2割の割合で存在するという経験則。

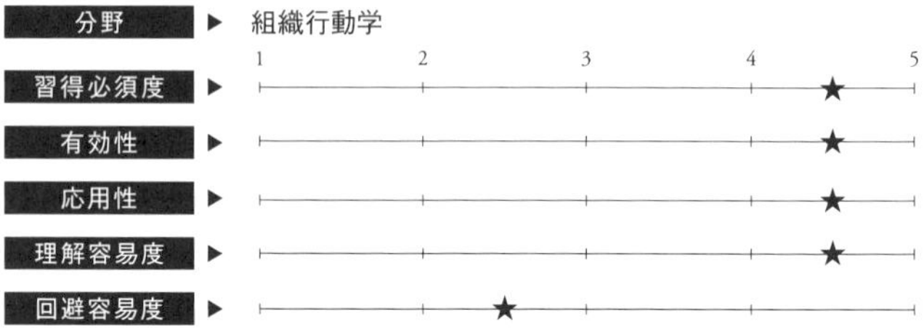

基礎を学ぶ

活用／意識すべき場面

- 組織の人材バランスがうまくとれているかを検討する
- 仕事のアサインメントや、個人に対する指導方法のヒントとする
- 理想的な組織像と対比させながら、採用や育成方法のヒントを得る

考え方

2-6-2の法則は、俗に「働きアリの法則」と呼ばれることもあります。働きアリの集団を観察すると、ほとんど働いていない怠け者のアリが20%程度いるのに対し、かなり働き者のアリも20%存在することが観察されます。人間もアリも、なぜか集団になると、こうしたバランスになってしまうのです。洋の東西を問わず、経験則としてよく当てはまります。

2-6-2の法則の重要な点は、仮に上位の2割だけを抜き出して新しい集団を作っても、またその中で概ね2-6-2のバランスが成り立

図表22-1 2-6-2の法則

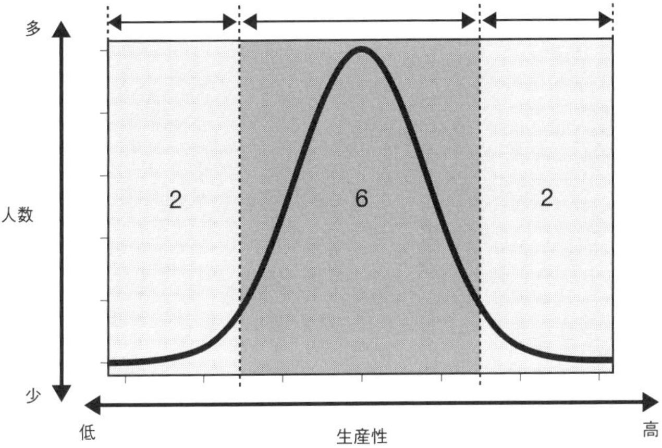

つとうということです。もちろん、最初の集団に比べると全体の平均は上がっているのかもしれませんが、最初は仕事ができるとされていた上位20%の人でも、そこだけを切り離すと、怠けたり生産性が落ちたりしてしまう人が20%は生まれてしまうのです（**図表22-2**）。

これは集団の他の部分でも成り立ちます。中間層の60%の部分も、下位層の20%の部分も、そこだけを他と切り離すと、新たに2-6-2の分布になってしまうのです。

こうした現象の起こる正確な理由は不明です。働きアリの場合は、生物学的な種の保存メカニズムと関係があることを示唆するような研究もあるようですが、人間の場合は生物学的、社会学的、心理学的などさまざまな理由が関係するため、決定的な理由づけはまだされていません。

この法則を理解していないと、たとえば強烈なアップ・オア・アウト型の組織（結果を出さないと切られてしまう組織）を作り、下位層の人材をいられなくしてしまうといったやり方をとる経営者が出てきます。しかし、下を切っても結局は2-6-2のバランスになってしまうので、結局は思ったほどの効果が出ないことが少なくありません。むしろ、組織文化がギクシャクしてしまうことのデメリットの方が大きく、組織全体の生産性が下がることすらあります。

外資系のコンサルティング会社や投資銀行でそのやり方が成功しているのは、優秀な人材がいくらでも入社を希望するブランド力があってこそなのです。

実務的には2-6-2の法則とどう付き合えばいいのでしょうか。1つは、全員を働き者にすることはできないことを理解することです。なまじそれをゼロにしようとして圧力をかけ、職場の雰囲気を乱すくらいなら、働きやすい環境を作る方がまだ効果的です。

2つ目は、一見パフォーマンスの悪い人間にも、何かしらの役割があるかもしれないということを理解することです。働き場所さえ与えられれば頑張れる人がいる可能性はやはりあるのです。

事例で確認

アメリカのプロスポーツのフリーエージェントを見てみましょう。MLBでもNBAでも、毎年少なからぬトップ選手がフリーエージェントとして大型契約を結びます。しかし、彼らが全員新天地で年俸に見合う結果を出せるわけではありません。ある調査によると、大物フリーエージェントで、下位チームから強豪チームに移った選手のうち、20%から30%くらいは、それまでに比べてパフォーマンスを落とし、並レベルの仕事しかできないとされます。選手としてのピークを過ぎていたり、複数年契約で慢心するなどの要因もあるかもしれませんが、優秀な集団に入った途端にパフォーマンスが上位ではなくなってしまうのです。2-6-2の法則を直接示す事例ではありませんが、類似事例と見なすことはできそうです。

図表22-2 2-6-2の法則は一部を切り出しても維持される

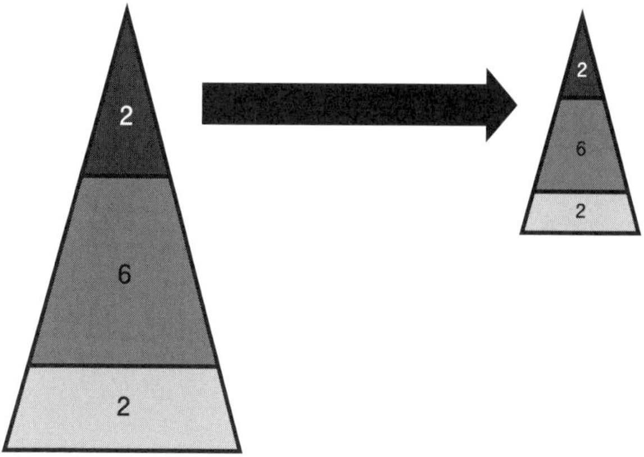

コツ・留意点

1 本文中にも触れましたが、一見生産性が悪く見える人間にもポテンシャルがある可能性はあります。いまの集団にいるからこそ、下位の2割に入っているのかもしれません。働きどころさえ与えれば、急に上位2割に変わるとまでは言いませんが、中間の6割くらいの働きはしうる可能性はあるのです。スポーツチームでも、2軍にくすぶっていた選手が、トレードされたとたんに水を得た魚のように良い働きをすることは珍しいことではありません。逆に言えば、現在、上位20%のパフォーマンスを残している人間も、適切な場やアサインメントを与えなくては、中位の60%、場合によっては下位の20%に転落してしまうリスクがあるのです。マネジャーの管理能力が問われる場面と言えるでしょう。

2 下位2割がパフォーマンスが出ていないことに関しては、それがスキルの問題なのか、モチベーションの問題なのか、それともアサインメントの問題なのかをしっかり認識する必要があります。もしアサインメントの問題が最大要因なら、上述したように、各人の適性を判断した上で適材適所の配置を行うことで、組織の平均的なパフォ　マンスは劇的に向上する可能性があるのです。

23 ピーターの法則

組織は管理職も含めてどんどん無能な人々によって埋め尽くされてしまうという法則。ローレンス・J・ピーターが提唱した。

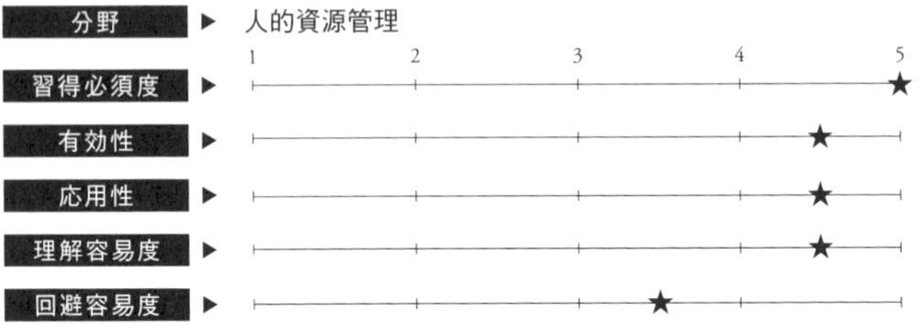

基礎を学ぶ

活用／意識すべき場面

- 組織の管理職が適切なスキルを持っているかを検討する
- 組織の昇進・昇格の方針が適切かを検討する
- 管理職の能力開発が適切になされているかを検討し、改善案のヒントを得る

考え方

ピーター教授は以下のように考えました。

まず、組織において無能な人は出世しませんから、ずっと平社員のままです。一方、ある程度有能な人間であれば、普通は次のステップに昇進・昇格します。しかし、一段下のポジションで優秀だった人間が、昇進・昇格後も有能であるとは限りません。たとえば、営業担当者というプレーヤーとしては優秀だった人間も、営業部門の管理職になるとその管理業務をうまく行えるとは限りません。そこで、優秀だったプレーヤーもそのポジションでは無能とな

図表23-1 ピーターの法則：人は無能になるまで出世する

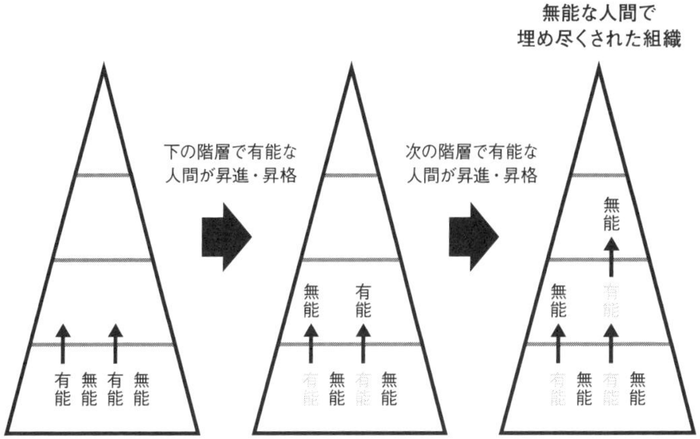

り、そこで昇進・昇格は止まってしまいます。

一方で、管理職の業務を無難にこなせる人間も存在します。そうした人間は、さらに一段高い管理職に登用されます。しかし、ここでも、一段下の管理職として有能だった人間が、再び良いパフォーマンスを出せるとは限りません。4～5人程度のプレーヤーの管理は得意だった人間も、中間管理職を介した管理をしなくてはならなくなった途端に行き詰まり、パフォーマンスを残せないことがあるのです。こうして、この階層もまた無能な人が多くを占めるようになります。

このパターンは繰り返し、結局組織の多くのポジションは無能な人で埋め尽くされるというのがピーターの法則の主張するところです。「人は無能になるまで出世する」という言い方をされる場合もあります。

ちなみに、日本企業ではピーターの法則があてはまりやすいのではないかという指摘があります。なぜなら、多くの企業、特に職能制の組織形態をとっている組織では、その職能のチャンピオン（最優秀者）が往々にして昇進・昇格の対象となりやすいからです。しかし、最高のプレーヤーが必ずしも良き管理職になりえないのは先述したとおりです。

また、日本ではアメリカで一般的なMBA的な経営学の学習機会が少ないという問題もあります。新任管理職研修そのものはどの企業でもやっているのですが、学習内容が圧倒的に不足しているのです。

よく、日本企業は「現場は強いけど、リーダーが弱い」などといったことが言われますが、これが本当であればそれを打破する方法論を考えることが必要です。

事例で確認

組織としてピーターの法則に陥ることを避け、優れたリーダーやマネジャーを輩出していくためのフレームワークに、リーダーシップ・パイプラインがあります。このフレームワークは、リーダーシップ開発に長けた企業として有名なGE（ゼネラル・エレクトリック）におけるプラクティスなどを基に開発されました。

このフレームワークを紹介した『リーダーを育てる会社　つぶす会社』の著者であるラム・チャランらは、リーダーとなるべき人間は、昇進・昇格に伴い、新しいスキルを身につけるとともに、時間配分を変え、また職務に対する意識を変える必要があると説いています。

言い方を変えれば、この3つを実現できそうにない人間は、どれだけ下の階層で良いパフォーマンスを残していても、昇進・昇格させるべきではないということです。このフレームワークを用いたGEが世界屈指の人材輩出企業となったことからも、このフレームワークがピーターの法則を避ける有効なツールであることがわかります。

図表23-2 リーダーシップ・パイプライン

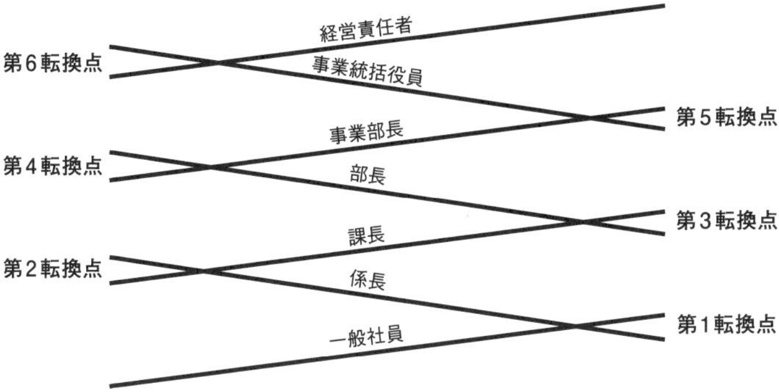

注：この道筋は、ウォルト・マーラーの「クリティカル・キャリア・クロスロード」に基づいており、職務要件（スキル、業務時間配分、職務意識）における主な変化を示している

出典：ラム・チャラン、ステファン・ドロッター、ジェームス・ノエル『リーダーを育てる会社　つぶす会社』英治出版、2004年

コツ・留意点

1 ピーターの法則は、組織全体として防ぐ努力が必要です。その第一歩として、全社的なサーベイを行い、「無能な管理職」がどの程度存在しているかを探ることが有効です。その際、仕事のパフォーマンスだけではなく、意識面に関しての調査も行うと効果的です。具体的には、「どうすれば現在の職務をうまくこなせるかわからない／イメージできない」「昔の仕事の方が楽しかった」「部下に任すよりも、自分でやった方がいい」といったメンタリティの管理職が多いと赤信号です。

2 典型的な「無能化する管理職」の特徴は、部下の能力開発や動機付けが下手ということです。これが単純に能力不足に起因するものであればまだましなのですが、それが部下に対する嫉妬や、自分のポジションが脅かされるという恐怖心に起因するとしたら、コトは面倒になります。特効薬はなかなかないのですが、もしその無能な上司のさらに上司が有能であるのであれば、部下である管理職が、その下の部下をそうした動機からスポイルしていないかを注意深く観察することが問題解決の第一歩となります。

24 グレシャムの法則

元々は金本位制の経済学の法則で、「悪貨は良貨を駆逐する」でも知られる法則。それが転じて、「悪い習慣などがはびこると、良い習慣が消えてしまう」といった意味でも用いられるようになった。本項では、この後者の意味に関して解説する。

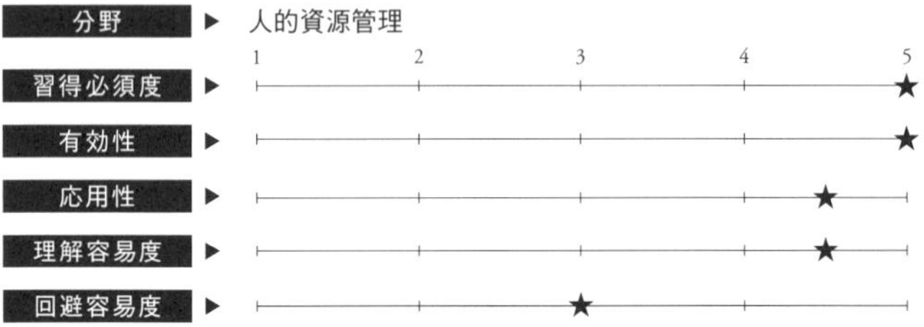

基礎を学ぶ

活用／意識すべき場面

- 組織を蝕むような悪い組織文化やその萌芽が生まれていないかを監視する
- 他に悪影響を与えるような人材が増えていないかを監視する

考え方

「悪貨は良貨を駆逐する」の要訳で知られるグレシャムの法則の歴史は古く、16 世紀にさかのぼります。元々はイギリスのトーマス・グレシャムが提唱した法則であり、以下の内容を意味します。

仮に金と銀の交合比率が異なる貨幣が市場に流通しており、同じ価値（金額）を政府が保証していたとします。この状況下においては、人々は価値の高い金をより多く含む「良貨」を手元に残し、決済などは金の含有量が低い「悪貨」で行うようになります。金や銀は溶かして取り出すことができ、いざという時にはそれを別の国の貨幣などに交換することができるからです。

図表24-1 グレシャムの法則

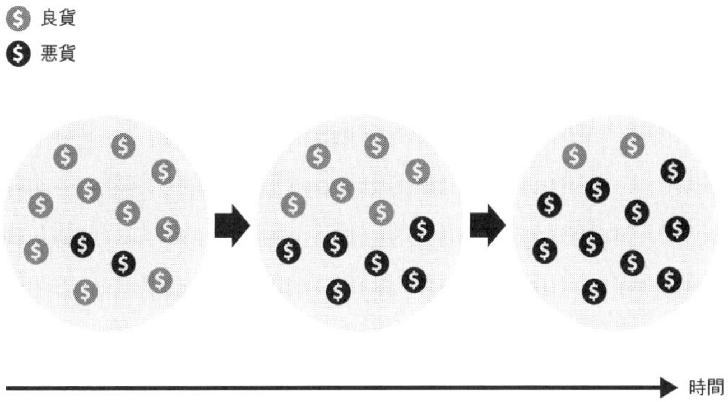

こうなると、自ずと市場には悪貨が出回るようになり、良貨は減っていきます。これが元々のグレシャムの法則です。

現代でも狭義の意味では、グレシャムの法則はこの現象のことを指します。しかし近年では、組織や社会が一部の「好ましからざる」人間や行為が増えた結果、好ましい人間や行為が減っていくことを指して「悪貨は良貨を駆逐する」と言うようになりました。本来の意味からすれば誤用ですが、たとえとしてわかりやすいことから、用法として定着したものです。

テレビの学園ドラマで有名となった「腐ったミカンの方程式」、すなわち、腐ったミカンが箱に1つ入っていると、周りのミカンもどんどん腐っていくというたとえも、この「悪貨は良貨を駆逐する」と似たような考え方と言えるでしょう。

組織や社会において「悪貨は良貨を駆逐する」理由としてはいくつかのものが考えられます。

まず1つは、「悪貨」から被る被害があるため、それを避けようとして「良貨」が逃げてしまうという現象です。例えばあるマンションに暴力団の関係者が入居したとします。そこでさまざまなトラブルが実際に起こると、「良貨」に相当する住民は、そこを離れていってしまいます。一方で、「悪貨」に相当する住民は同類を呼ぶことにつながるため、気がついたらそのマンションは暴力団関係者だらけということになってしまうのです。

もう1つの理由としては、人間の易きに流れやすい性向があります。例えば、もともと積極果敢にチャレンジをすることを良しとしていた企業でも、企業規模が大きくなってくると保守的な人間が入ってくるようになります。保守的に振る舞うことはチャレンジをすることより、通常は精神的にも体力的にも楽なものです。その結果、保守的な人間の振る舞いを見た人間が、もともとはチャレンジ精神旺盛であったとしても、どんどん楽な方に流れ、組織全体が保守化していってしまうのです。

事例で確認

広義のグレシャムの法則は世界中で見られるためか、その派生バージョンも生まれています。

その1つとして有名なのが、ノーベル経済学賞を受賞したハーバート・A・サイモンが提唱した「計画のグレシャムの法則」です。彼は研究の結果、「ルーチンワークは創造性を駆逐する」と述べました。

つまり、日々ルーチンな仕事に追われている人は、目先の緊急性の高いルーチンな仕事をこなすための計画や実務に忙殺されており、よりエネルギーが必要な長期的なビジョン策定やイノベーティブな解決策立案に計画の時間を割かなくなるというのが彼の主張です。

小手先の差別化競争に明け暮れ、イノベーションを起こせない企業などはこの罠に陥っていると言えるかもしれません。

図表24-2 計画のグレシャムの法則

ルーチンに埋没することは目的を見失わせ、創造性を削いでいく

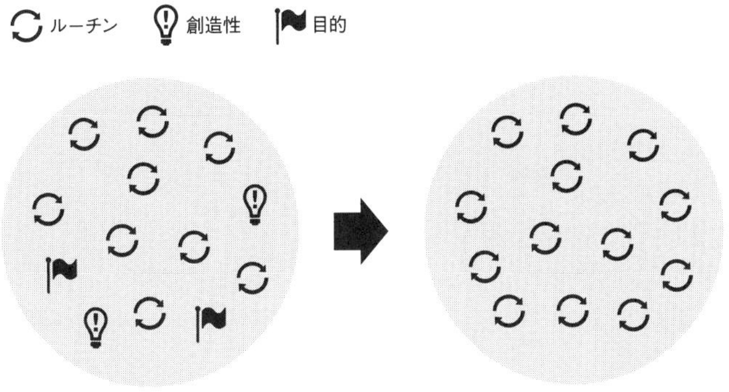

コツ・留意点

1 グレシャムの法則は非常に普遍的であり、頭では分かっていても、それに対抗することは容易ではありません。特に、大きなシステム（社会やコミュニティ、大企業など）になるほど、気がついたら手遅れということになりやすいと言えます。一方で、小さなシステム（中小企業など）であれば、まだ対策は打ちやすくなります。例えば組織文化であれば、トップ自らが悪しき組織文化がはびこり始めていないかを慎重にウォッチし、その萌芽を見つけたら早い段階で摘み取る（例：退職を促すなど）といったアクションを大企業よりは取りやすいものです。採用を慎重に行い「悪貨」を入れないことも非常に有効です。

2 大きなシステムになるほど、どうしても一定の比率で「悪貨」は発生してしまうものです。全員が善人の世界などはあり得ないからです。では、それが「良貨」を駆逐しないためには何が必要でしょうか？　筆者は、地道な教育とキーパーソンの情報発信が大事と考えています。特にマスコミには、近視眼的な視聴率競争等のために「悪貨」を助長させるような情報を流さないような矜持を期待したいものです。

25 ゆでガエル現象

人や組織は急な環境変化には気づきやすいが、ゆっくりとした環境変化にはなかなか対応できないという現象。

分野 ▶ 組織行動学

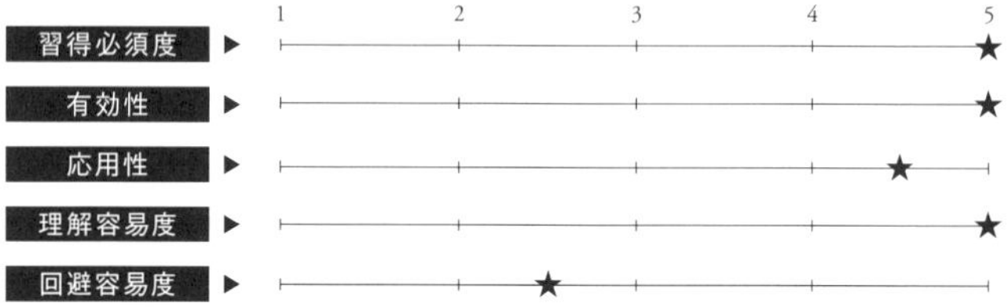

基礎を学ぶ

活用／意識すべき場面

- 自社を取り巻く環境変化のスピードや大きさ、重要度などを再確認する
- 自身や自社が、環境変化に対して鈍感になっていないか、適切な対応をとっているかを確認する

考え方

ゆでガエル現象は、よく知られている以下の状況を指す比喩です。

まず２匹のカエルのうち１匹を冷たい水に入れます。当然、カエルは特に反応を起こしません。そして水の温度を徐々に上げていきます。ここでもカエルは特に反応をしません。そのうち水温は40度を超えどんどん上がっていきますが、水温の上昇に慣れたカエルはそれでも動きません。そして気がついたころには体が茹だって死に至ってしまいます。

図表25-1　ゆでガエル現象

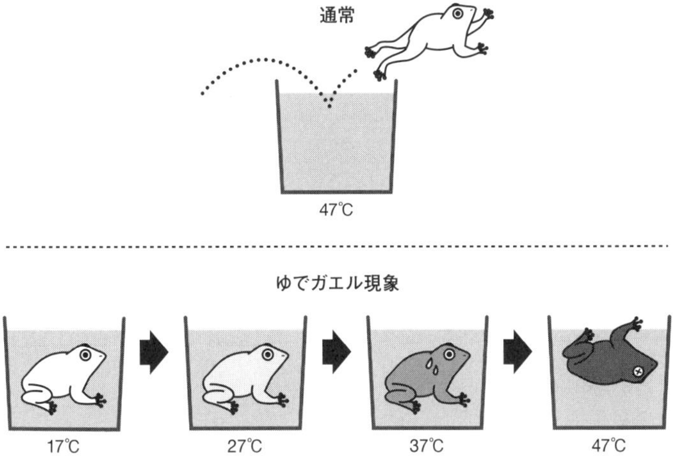

もう1匹のカエルは、いきなり最初のカエルが死んでしまった水温のお湯に放り込みます。カエルは驚いてお湯から飛び出し、死を免れます。

このゆでガエル現象からの示唆は、人や組織は急激な環境変化には気づきやすく、それなりの反応は見せるものの、環境が徐々に変わっていくようなケースでは、いつの間にか危機的な状況になっていたとしても、それに対応できず、破滅的な結果に至ることもあるということです。さまざまな場面で、環境変化に対応することの重要性を説くために使われるたとえになっています。

ゆでガエル現象が生じる理由は様々なものが指摘されています。

まず指摘できるのは、純粋に人間の感知能力の問題です。例えば10 kgの荷物を持っているときにもう10 kg追加されれば、誰でもそれに気づきます。しかし、10 kg持っているときに、0.5 kgだけ荷物の重さが増えてもなかなか感知できません。これを繰り返すと、気がついたらある程度の重さになってしまうのです。

次に、人間は変化がない状況を心地よく感じやすいという性向を持つという問題もあります。変わることより、現状維持の方がリスクも小さく見えます。その結果、ちょっとした変化には目を背けてしまうのです（206ページの現状維持バイアスも参照）。

また、過去にやった仕事はミスなくこなすことも容易ですし、多少の変化であれば、多少仕事の仕方が変わったとしても、人間はすぐに慣れてそれをこなすようになるものです。中途半端な適応能力がここでは裏目に出てしまうのです。

根拠のない楽観という問題もあります。ある程度の段階まで来ると、さすがに環境変化に気がつくはずですが、それでも人間は変化を好みません。「この程度なら何とかなる」と自分の不作為を合理化してしまい、結局行動には移らないのです。

これらが複雑に絡むため、ゆでガエル現象は根深い問題なのです。これを避ける手っ取り早い方法は存在しませんが、最終的には、現実を直視する勇気を経営層が正しく持つことが鍵となってきます。

事例で確認

ゆでガエル現象は、企業もさることながら社会全体で見たときにより悪い形で発生しがちです。その理由としては、企業ほど明確な責任者がいないことに加え、一人ひとりの国民が当事者意識を持ちにくいという理由があります。また、企業に比べると、未来にツケを回しやすい（例：国債など）という特性もあります。

例えば少子高齢化や年金の問題は、すでに問題が指摘されてからかなりの時間がたちます。当局もそれなりの手はうってはいるのですが、その効果は疑問ですし、未来予測についても置いている前提が甘いなど、現実を直視しているとは言えない部分が大です。

現実直視と大きな痛みを伴う改革が必要なのですが、皆がそれを嫌ううちに、ますます問題が大きくなってしまうのです。

図表25-2 変革への抵抗に対するアプローチ

アプローチ方法	状況	メリット	デメリット
教育とコミュニケーション	情報が不足している、あるいは不正確な情報と分析結果しかない	ひとたび納得すれば、周囲が変革の実行に手を貸してくれる場合が多い	当事者の数が多いと、非常に時間がかかる恐れがある
参加促進	変革の旗振り役が、必要な情報を全部掌握していない。相手が大きな抵抗パワーを持っている	参加を促された人々が変革の実行に関与。彼らの役立つ情報はみな、計画に織り込まれる	引き込んだ相手が、変革の進め方を間違えると時間が無駄になる
手助け	新しい環境に適応できないことが、抵抗の引き金になっている	不適応に対する処方箋として、最も効果的	時間もコストもかかり、それでも失敗の可能性がある
交渉と合意	変革の結果、明らかに損をする関係者がいる。そして、勢力が大きな力を持っている	時と場合にもよるが、激しい抵抗を避ける比較的容易な方策である	変革を受け入れる代わりによい条件を引きだそうとする者が他にも現れると、高くつきがち
策略と懐柔	他の方法がうまく機能しない、あるいは非常に高くつく	他のアプローチと比べて、迅速で低コストの解決策となりえる	丸め込まれている、と思われると、先々問題が生じる恐れがある
有形無形の強制	スピーディーな変革が不可欠で、変革の指導者が大きなパワーを持っている	どんなタイプの抵抗にも短期間で打ち勝つことができる	反感を買うと、リスクが大きい

出典：J.P.コッター『リーダーシップ論』ダイヤモンド社　1999年 p.190

コツ・留意点

1 ゆでガエル現象によって壊滅的なダメージを受けることを避けるためには、トップが勇気を持って現実直視をすることが必要です。具体的には、顧客の声を正面からとらえたり、起きているマクロな変化に関して、虚心坦懐にその影響を考えることです。とは言え、現実を直視した結果、変わらなくてはならないことが判明した場合、すぐに変われるかというと話は別です。企業には必ず変化によって損をする層が存在しますから、そうした「抵抗勢力」をいかに取り込んだり排除していくかを考えなくてはなりません。抵抗への対処については、コッター教授のフレームワークが参考になります（図表25-2）。リーダーは、現実を直視する勇気と、変革を主導する勇気の両方を持たなくてはならないのです。

2 ゆでガエル現象を避けるより効果的な方法は、環境変化を常にウォッチし、それに合わせて企業を変えていくことが当然、という組織文化を早期に構築することです。トップがそうした姿勢を見せるとともに、変化していくことを厭わない人材を採用したり、「変化こそが善」のメッセージを発し続ける必要があります。

26 共有地の悲劇

メンバー全員が協調的行動をとっていれば、皆に恩恵がもたらされる状況だったにもかかわらず、各自が合理的判断の下に個別に行動した結果、皆にとって好ましくない結果がもたらされる現象。ギャレット・ハーディンが提唱。

分野 ▶ 組織行動学、エコノミクス、ゲーム理論

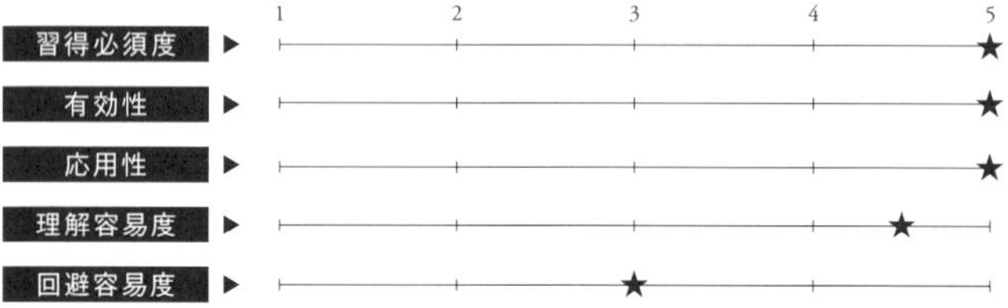

基礎を学ぶ

活用／意識すべき場面

- フリーアクセスできる共有財産について、適切な利用ルールを定める
- 各人が個別最適の行動を取る結果、全体最適が達成されないことを防ぐアイデアを検討する

考え方

共有地の悲劇（コモンズの悲劇とも言います）を説明する上で使われるモデルは以下のようなものです。

例えば、10人の村人がそれぞれ10匹の羊を飼っていたとします。また、ちょうど100頭分の餌をまかなえる牧草地があります。村人がそれぞれ10匹の羊を飼うために適切な牧草地の利用をすれば、羊は栄養十分で高値で売れます。結果として、村人全員が恩恵を受けることができます。ただし、もし羊が栄養不足になると、売価は下がるものとします。

図表26-1 共有地の悲劇

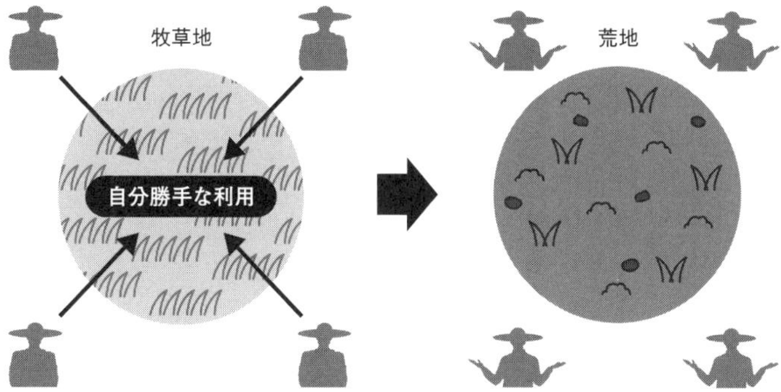

さて、このような状況下で人々はどのような行動をとるでしょうか。各自が収入を増やしたいと考えるなら、飼う羊の数を11頭、12頭、・・・と増やすでしょう。100頭分をまかなえる共有地もあるので餌にも困りません。これは一人の個人にとっては合理的判断です。

しかし、仮に皆が同じことを考えるとどうなるでしょうか。羊の数は過剰となり、牧草地のキャパシティを超えてしまいます。その結果、羊は栄養不足に陥り、売価は暴落します。結果として、村人は皆共倒れになってしまうのです。

なお、共有地の悲劇は、より狭義に使われる場合もありますが、本項では、冒頭の定義で示したようにやや広義の意味で用います。

共有地の悲劇はいたるところで見られます。以下にいくつか事例を挙げました。

- 皆がいっせいにクーラーを使えば、屋外の気温がさらに上がってしまう

● 皆がいっせいに車を路上駐車すると、道が塞がって車が走行できなくなる
● 皆がいっせいにWiFiにアクセスすると、スピードが落ちてしまって通信が出来なくなってしまう

共有地の悲劇は、一人ひとりの無自覚や「自分だけ真面目にやって損をしてはつまらない」というエゴ、あるいは「全体に対する自分の影響度の小ささ」に基づいて起こる側面が大きいため、自助努力で解消するのは難しいものがあります。

共有地の悲劇のタイプによって有効な対策は異なってきますが、一般的には、参加できるプレーヤーを限定したり（例：駐車場の利用者や電波利用者）、好ましくない行動をとる参加者に罰則を科す（例：公害対策）などが用いられます。いずれにせよ、政府や経営者といった強制力を持つ人間からの適切な働きかけが有効です。

事例で確認

共有地の悲劇の事例として近年大きく問題となっているのが医師不足です。「医師の労働環境が過酷すぎる」などのニュースを聞かれた方も多いでしょう。しかし、よくよく問題を分析してみると、人口当たりの医師数は、日本は決して米国や欧州各国に引けをとりません。問題は、患者の延べ人数が多いことです。つまり、皆が安易に病院に行くことが、見た目の医師不足を生み出しているのです。

これは国民皆保険のような制度ゆえという側面もありますが、個人レベルに突き詰めれば、「安い医療費なら受診しないと損」「健康を維持するのは大変（例：運動や食事制限）。むしろ多少体の調子が悪くなる程度なら病院に行って薬をもらう方が楽」といった「各人にとっては合理的な考え方」に基づいた行動がベースにあります。

これによって引き起こされる医療システム破綻の可能性をどのように低下させるかは、国民に課された大きな宿題と言えるでしょう。

図表26-2 囚人のジレンマ

前提：・A、B２人の囚人は、それぞれ自白するか、自白しないかの選択肢がある
・２人の囚人は互いに連絡することはできない

		B 自白しない	B 自白する
A	自白しない	2 2	0 30
A	自白する	30 0	5 5

左下がAの懲役
右上がBの懲役

➡ **本来は２人とも「自白しない」を選べば懲役が２年ですむため好ましいが、自分だけが自白せず、相手が自白すると最悪の結果になってしまうため、結局は２人とも自白し、それぞれ５年の懲役に落ち着く**

コツ・留意点

1　共有地の悲劇は、ゲーム理論で有名な囚人のジレンマと似た構図とも言えます。囚人のジレンマは、２人のプレーヤーが協調的行動をとればお互いの便益（利得）が上がったにもかかわらず、各自が合理的に意思決定する結果、好ましくない結果がもたらされるというものです（図表26-2）。起こる原因は共有地の悲劇とは少し異なりますし、ビジネスにおける応用範囲や意味合いも異なるのですが、囚人のジレンマで説明できる現象も世の中全般によく見られるものですので、その構造や対策（ここでは紙面の関係もあり割愛します）も理解しておきたいものです。

2　共有地の悲劇が加速してしまう原因として、「他の人がやっているから」という要素もあります。例えば駐輪禁止場所での自転車の駐輪は、それをする人間が圧倒的に少ない状況であれば、それほど進行はしません。ところが、ある程度までそれをする人間が増えると、「自分もやって大丈夫」と、どんどんその数が増えていってしまうのです。企業などでは、好ましくない傾向は早めに摘み取る施策が求められます。

27 ルールのすりぬけ

何かしらの規則（ルール）があっても、それを回避する行動をとって自分に都合のいい結果を得ようとする人々の性向。英語では“Gaming the Rules”と呼ぶ。

分野 ▶ 組織行動学、人的資源管理

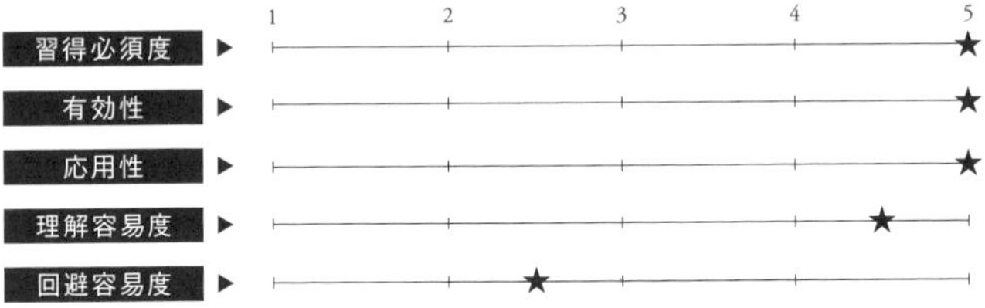

基礎を学ぶ

活用／意識すべき場面

- 組織を正しい方向に導くようなルール作りやその運用のヒントを得る
- 既存の業界の常識を打ち破り、革新的な新商品開発やビジネスモデル構築のためのヒントを得る

考え方

「ルールのすりぬけ」は、楽をして大きなリターンを得ようとする人間の性向を表すものです。それが行動に反映されると、ある仕組みやルールの裏をかいたり悪用したりするのです。

単純な例は、大学の授業における「代返」です。本来は実際にクラスに行かないと出席したことにはならないはずなのに、友達に代返を頼んだ／それを目撃したという方もいらっしゃるでしょう。これは、出席を「名前を読んだら返事をする」という方法で確認するという仕組み・ルールの裏をかいたやり方と言えます。

図表27-1 ルールのすりぬけ

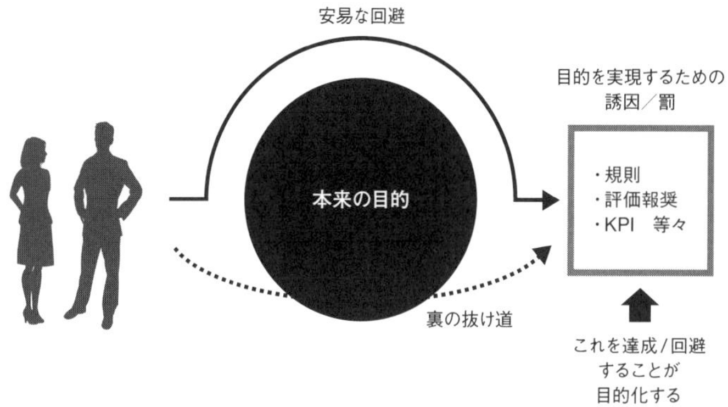

ルールのすりぬけの動機としては、この代返の例のように「単に楽をしたい」というものが典型ですが、その他の動機もあります。

例として、仕事などでプレッシャーが厳しくなった時に、正攻法で行くと手間暇がかかるために、それをうまく回避しようとする、というものがあります。その例が2015年に発覚したフォルクスワーゲン社（VW）のディーゼル車の検査における不正事件です。

この事件では、予め検査用の走行パターンが決められていました。VWはこの仕組みの裏をかき、その走行パターンの時だけ排ガスが出ないようなソフトを用いていたのです。北米は戦略的にもディーゼル車にとっては魅力的な市場です。社内、あるいは株主からどのようなプレッシャーがあったかは正確なところは不明ですが、過度な業績向上圧力がこのような不正を招いた可能性は高いと言えるでしょう。

どんな仕組みやルールにも必ず欠点や抜け道はあるものです。その裏をかく誘惑に人間はなかなか勝てません。特に強いプレッシャーがかかっているときはそうです。逆に、それを管理する側は、そうした人間の性向を理解したうえで、適切なルールと運用の仕組みを作ることが望まれるのです。

なお、ルールのすりぬけは、通常は良い意味には使われませんが、良い方向にルールの裏をかく例も存在します。その典型が、日本で発売されている発泡酒や第三のビールです。ビール各社は酒税法の裏をかいて消費者に支持される安価な商品を提供することで業績の維持拡大を図りました。こうした発想は称賛されてもいいでしょう。

事例で確認

ルールのすりぬけのわかりやすい例はアスリートのドーピングです。例えばステロイドなどを摂取すると筋肉などが付きやすくなりますから、MLB などでは昔からさまざまな選手がこっそりとステロイドを用いて成績を高める努力をしてきました。一流選手が 20 億円超の年俸を稼ぐ一方で、一.五流の選手はその何分の一、二流の選手はさらにその何分の一しか稼げませんから、もともとルールのすりぬけをする動機には強いものがあるという背景があります。

もちろん、MLB の事務局もそうしたドーピングを排除したいと考えますから、禁止薬物の指定を行います。しかし選手は、ある薬物が禁止されれば、その検査をかいくぐる方法を探したり、禁止されていない別の薬物を探すようになります。そうするとさらに規制は強化されるのですが、選手はまたそれをかいくぐろうと抜け道を探します。俗に言ういたちごっこです。

近年では、違反選手に対する見せしめ（例：出場禁止など）を厳しくしたせいもあり、かつてほどステロイド使用者は多くないとされてはいますが、このいたちごっこは、トップ選手の数十億円という高年俸が続く限り続くのかもしれません。

図表27-2 効果的なコントロール

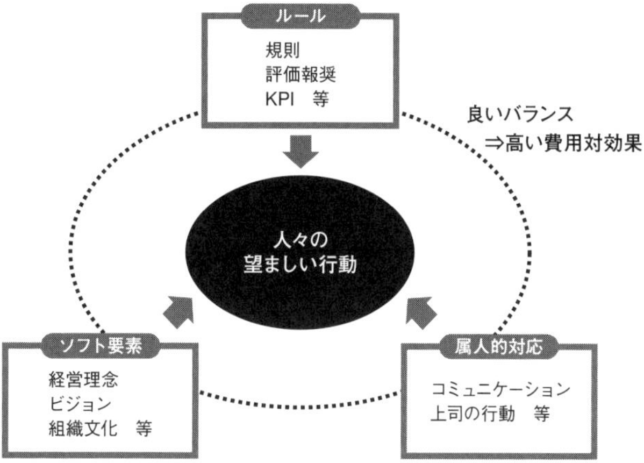

コツ・留意点

1 人を強くルールに従わせたりいたちごっこを避けようとして管理者側がよく用いる方法は、違反者には重いペナルティを科すというものです。ただ、重いペナルティは効果がある半面、意図せぬ副作用をもたらすこともあるので注意が必要です。例えば、禁酒法時代のアメリカでは、禁止されたアルコールの製造・販売がアングラ化し、粗悪な密造酒で健康被害がかえって増えると同時に、それがマフィアの資金源になってしまうという、強烈な副作用をもたらしました。ルールを作る側は、そうした意図せざる副作用についても想像力を働かせることが必要です。

2 経営側の立場に立ったとき、ルール（KPIや評価制度なども含む）で人の行動を律しようとするのは自然な考え方ではありますが、それだけに頼ろうとすると危険です。ルール以上に大事なのは、人々が共感できる理念やビジョン、組織文化であり、また上司と部下との密なコミュニケーションです。そうしたソフトな要素とルールのバランスを適切にとることが、最も費用対効果の高いコントロールの仕組みを実現するのです（図表27-2）。

28 集団浅慮

集団の圧力により、その集団で考えていることが適切かどうかの判断能力が損なわれ、本来は好ましくない結論を出してしまう傾向。集団思考とも言う。英語では“Group Think”と呼ばれる。

分野 ▶ 組織行動学

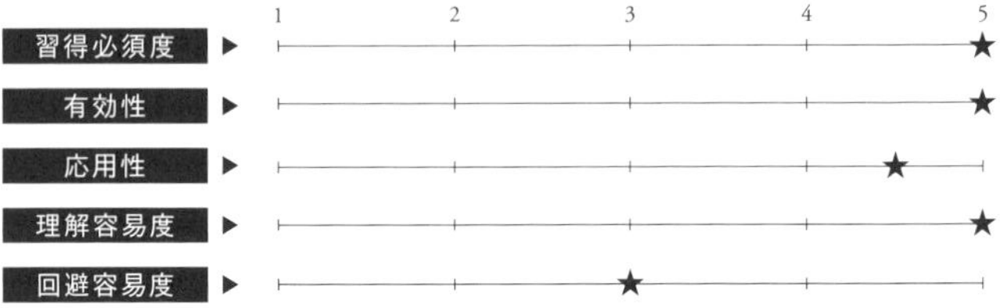

基礎を学ぶ

活用／意識すべき場面

- 会議などで出た結論が本当に望ましい結果をもたらすような結論なのかを再確認する
- より好ましい結論を出すための会議運営のヒントを得る

考え方

通常、集合知や「三人寄らば文殊の知恵」という言葉があるように、一人で考えるよりも何人かで議論することでより良い結論やアイデアが出るものです。

一方で、しばしば集団浅慮と呼ばれる逆の現象が起こります。集団浅慮の研究で著名な心理学者アーヴィング・ジャニスは、これを「凝集性の高い（まとまりが強い）集団で、意見の一致を重視するあまり、取り得る可能性があるすべての行動の現実的な評価を無視する思考様式」と定義しました。

ジャニスによれば、集団凝集性が高くて同調圧力が強くなりやす

図表28-1 集団浅慮

い、クローズドな環境である、あるいは外部からのプレッシャーが大きい時など、いくつかの条件が重なった時に、集団浅慮が発生しやすいと指摘しています。

また、『「空気」の研究』で著名な山本七平は、こうしたジャニスの指摘に加え、日本では、「『空気』の支配」というものがあると指摘しています。これは、当事者以外には説明しにくい「場の空気」に誰も逆らえない結果、誰が決めたということが曖昧なまま、意思決定がなされてしまうというものです。

集団浅慮を避け、グループによる思考を適切に行うために、ジャニスは次のような防止策を提案しています。

- 集団のリーダーは、各メンバーが批判者としての役割を果たすように鼓舞する
- 集団の中心的人物は、最初から自分の好みや期待を述べることを控えて公平な姿勢をとり、数多くの選択肢の探索を行うように部下を鼓舞する

- 集団の外部に、別のリーダーをもつ立案・評価グループを設置する
- 集団が最終結論に達する前に、各メンバーが集団の原案について同僚と討議し、それを集団にフィードバックする期間を設ける
- 外部から専門家を招いて、集団の中核的メンバーの見解に挑戦させてみる
- 集団がとるべき選択肢を評価するとき、多数意見に挑戦する「悪魔の代弁者」(Devil's advocate) 役を設ける
- 集団を2〜3個の下位集団に分けて、異なる司会者のもとに別々のミーティングを開催し、下位集団の意見を持ち寄って検討を重ねる
- 最善の策と思われるものについての予備的合意に達した後、第二の合意を得るためのミーティングを開いて、それぞれのメンバーが積み残している疑念をできるだけ率直に表明するようにする

こうしたことを複数実行するだけで、集団浅慮の罠を回避できる可能性は高くなり、組織の生産性が向上するのです。

事例で確認

集団浅慮は、往々にしてリスキーシフトあるいはコーシャスシフトと呼ばれる集団極性化の現象を招きます（図表28-2)。グループでの意思決定は、極端な方向に振れやすいという現象です。

集団浅慮でリスキーシフトが起きた最も有名な例が第二次大戦開戦の意思決定でしょう。アメリカとの戦争は無謀と考える重鎮もいたはずですが、周りの同調圧力に抗しきれず、結局は最悪の意思決定をしてしまいました（もちろん、当時は好戦派からのテロという無視できない脅威もあったわけですが)。先述の山本氏は、ディシプリンの欠如などを、こうした日本的集団浅慮の原因として指摘しています。

図表28-2 集団極性化

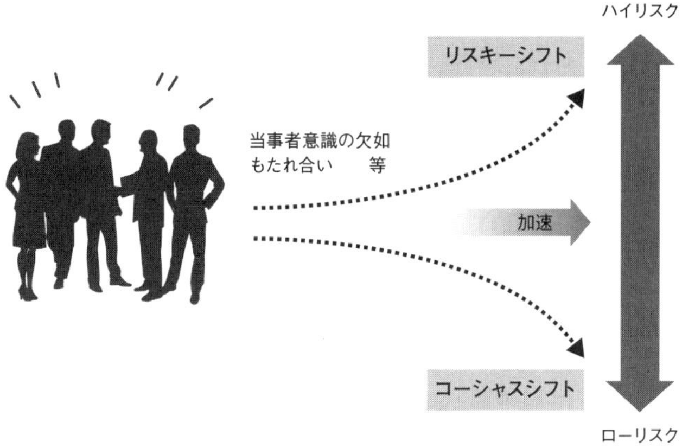

コツ・留意点

1　ジャニスはさらに、集団浅慮の兆候として以下を指摘しています。①代替案を十分に検討しない、②目標を十分に検討しない、③採用しようとしている選択肢のリスクを検討しない、④いったん否定された代替案は再検討しない、⑤情報を丹念には探さない、⑥情報の取捨選択が偏る、⑦非常事態に対応する計画を策定しない。これらは通常時でも見られることですが、特に集団浅慮が起きているケースでよく観察されます。自分やメンバーが集団浅慮に陥りかけていないかチェックする際のリストとして活用できるでしょう。

2　同調圧力に逆らうのは勇気のいることではありますが、それに押し流されてしまうのは、厳しい言い方をすれば当事者意識が欠如しているから、ということもできます。特に、外部からのプレッシャーが高い状況でもないのに、周りの空気に流されて、自分の思うことを言わないというのではリーダー失格です。よく「あの場ではそんなこと言える雰囲気じゃなかった」と言い訳をする人がいますが、それは結局は責任回避です。集団浅慮を避けるテクニックは本文中に述べましたが、一人ひとりが当事者意識を強く持つことがより大事なのです。

29 機長症候群

リーダーの意見に押し切られて議論や反論を止めてしまい、好ましくない結果を招いてしまう傾向。

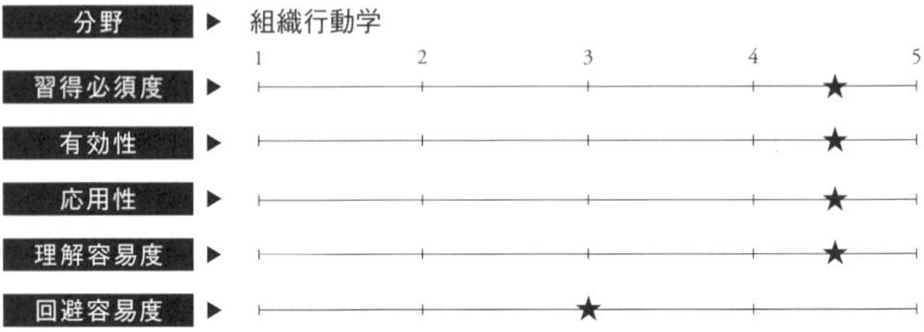

基礎を学ぶ

活用／意識すべき場面

- 会議などでリーダーが主導して出した結論が本当に望ましい結論なのかを再確認する
- より好ましい結論を出すための会議運営のヒントを得る

考え方

機長症候群は、もともと、飛行機の機長が間違った判断をしたにもかかわらず、それをサポートする副操縦士らが機長の誤った考えを翻意させることができず、結果として墜落事故に至ってしまったというケースからこの名がつけらました。

似たようなことは企業内でも当然起こりますし、病院（例：一番経験のある医師の指示に他の医師や看護師などが無条件で従ってしまう）やスポーツの現場（例：監督の意見に他のコーチは反論できない）などでも起きます。

効果的な議論が生まれないという意味では前項の集団浅慮の1

図表29-1 機長症候群

それは違うのでは？
でも機長が言うことだし、
まあいいか・・・
信頼
遠慮　等
思考停止

バージョンとも言えますが、その理由が特殊なため、ここであえて1項目設けています。

機長症候群は、強制力が働くためにリーダーの言うことに従わざるを得ないために起こると誤解されることがありますが、それが機長症候群の本質ではありません。

より重要なポイントは、リーダーが優秀な場合、往々にして、フォロワーが自律的に考えたり、リーダーと議論することをしなくなり、結果として、盲目的にリーダーに追従した形になってしまいがちなことです。

つまり、優秀で結果を残してきた人の言葉に対しては、人は批判力を失ってしまうのです。これは166ページで後述する影響力の武器の1つである「権威」とも大きく連関します。

事実、ある調査によると、（結果を残してきた）優秀なリーダーだけではなく、斯界の権威や第一人者の指示に対しても、人は自分自身で意思決定することを放棄しやすいことが示されています。

人は往々にして、自分の影響力を過大／過小に評価します。これはどちらも望ましい結果をもたらしません。機長症候群は、リーダーが自分の影響力を過小に評価する場合のケースといえます。

「できるリーダー」と周りから言われる方の中には、どんどん自分でアイデアを出し、ガンガン意思決定を進める方も少なくないでしょう。しかし、彼／彼女が優秀であればあるほど、そうしたスタイルは、実は部下を「考えない」方向へと向かわせ、スポイルしている可能性があるのです。

特に会社において上司は、権威と同時に権限を持つ立場の人間です。機長症候群がもともと生じやすい素地があるわけです。そうしたことを理解した上で、自分の影響力を正しく把握し、権威は保ちつつも、フォロワーを思考停止に追い込まないコミュニケーションスタイルがリーダーには求められるのです。

事例で確認

有名な事例としては、ジョン・F・ケネディ大統領のキューバ・ピッグス湾攻撃の際の意思決定があります。この意思決定はキューバの反発を招き、翌年のキューバ危機につながりました。人類は核兵器による第三次世界大戦の脅威に震えることになったのです。

そうした意思決定が行われた背景には、前項で説明した集団浅慮の諸条件に加え、ケネディの強いリーダーシップがありました。その時は、高いカリスマ性を持つケネディというリーダーが考える案よりも良い解決方法はなかなか見つからない状況でした。そうした間にも外部からの強いプレッシャーは増していきます。当初CIAが企図した素案にはかなり非現実的な前提もあり、しっかり考えていればこうした瑕疵は発見できたはずなのですが、「ケネディが言うなら」ということで他の人間も従ってしまったのです。

図表29-2 フォロワーが勇気ある良心を発揮する条件

①前向き思考を心がける
②事実を収集する
③態度を決める前に、賢明な助言を求める
④忍耐心を養う
⑤組織の枠内で活動する
⑥注目を集める立場作りをする
⑦自分の意見の良さを納得させる
⑧集団で行動を起こす
⑨リーダーが反発したら、より権威のある人物、機関の助けを仰ぐ
⑩お金と心に余裕を持ち、行動の幅を広げる

出典：ロバート・ケリー『指導力革命――リーダーシップからフォロワーシップへ』プレジデント社

コツ・留意点

1 機長症候群を恐れるあまり、リーダーが意思決定を止める必要はありません。ある程度エンパワメントをしたとしても、重要な問題に関して最終的な意思決定をするのはやはりリーダーであるべきです。ポイントは、それを強引に1人で決めるのではなく、皆に考えてもらってアイデアを出してもらい、彼らの自律性を高め、かつ最善の意思決定に結びつけていくマインドとスタイルを持つことです。近年、部下をサポートするサーバント・リーダーシップという考え方が浸透していますが、サーバント・リーダーたることは機長症候群を回避する手段にもなるのです。

2 機長症候群は往々にしてリーダーのスタイルに注目が行きがちですが、それ以上に大事なのはフォロワーの姿勢や行動です。組織にとって価値を生み出すのはやみくもにリーダーに盲従する人間ではなく、「良きフォロワー」です。フォロワーとしては、「どれだけ優秀な人間でも間違いはある」ということを意識し、「おかしい」と思ったらしっかり意見を言ったり議論する勇気を持つことが望まれます（図表29-2）。

30 成長の痛み (Growing Pains)

ベンチャー企業が成長に伴って、直面する課題（痛み）が次々にかわっていき、それに対応できなければ組織の停滞もしくは崩壊が起きてしまうという法則。

分野 ▶ 人的資源管理、ベンチャー・マネジメント

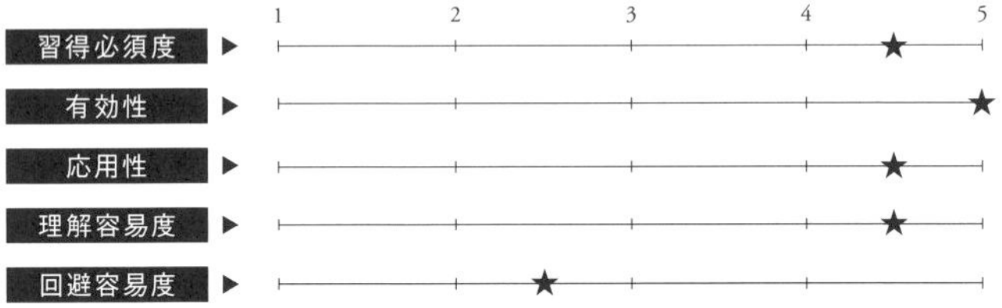

基礎を学ぶ

活用／意識すべき場面

- ベンチャー企業が次にやってくるであろう組織的な課題に備え、適切な施策を講じる
- トラブルに見舞われているベンチャー企業がその課題を解決するヒントを得る

考え方

『アントレプレナー　マネジメント・ブック』の著者であるエリック・G・フラムホルツらは、ベンチャー企業は成長に伴って感じる痛み（直面する課題）は随時変化し、それに対応できる企業だけが生き残るという法則を提唱しました。それが成長の痛みです。成長の痛みは**図表30-1**のチェックリストで測定できます。

図表30-2は､成長ステージとその痛みに対応する典型的課題です。

ベンチャーの初期の段階では、ターゲットとなる市場を特定・定義し、できれば、ニッチマーケットを創り出すことが重視されます。

図表30-1 成長の痛みとそのチェックリスト

成長の痛み

1. 皆が1日の時間が足りないと感じている
2. 皆が不手際の処理に時間をかけすぎている
3. 他人が何をしているか知らない人が大多数である
4. 皆が会社の最終目標について理解してない
5. 優秀なマネジャーが不足している
6. 皆が「仕事をきちんと終わらせるためには、自分ですべてやらなければならない」と思っている
7. 会社の会議は時間の無駄だと感じている人が多い
8. 計画はめったに立てられない、あるいは立てられたとしても振り返られることがないため、物事が完了しないことが多い
9. 会社での自分の立場について不安を感じている従業員がいる
10. 売上げは伸びているが、利益はそれほど伸びていない

	A 非常に強く感じる	B かなり感じる	C 時々感じる	D たまに感じる	E あまり感じない
1		×			
2		×			
3	×				
4			×		
5		×			
6			×		
7				×	
8		×			
9				×	
10	×				
11	2	4	2	2	0
12	5	4	3	2	1
13	10	16	6	4	0
14	36				

スコア

11. チェックマークの合計を11行目に記入する
12. 11行目の数と12行目の数を掛け、その結果を13行目に記入する
13. 11行目の数と12行目の数を掛けた結果
14. AからEまでの13行目の数の合計を記入する

組織が経験する「成長の痛み」に関するスコアの意味

スコアの領域	意味
10-14	すべて順調
15-19	注意が必要
20-29	部分的に対処が必要
30-39	重大な問題を抱えている
40-50	潜在的に危機的な状況あるいは変革が必要な状況にある

出典：エリック・G・フラムホルツ他『アントレプレナー　マネジメント・ブック』ダイヤモンド社

次に現実的な課題となるのは、具体的な製品・サービスの開発です。これに失敗すると、どれだけ構想が良くても成長することはできません。実際には、この段階で挫折する企業も少なくありません。

その次の段階では、成長に必要な経営資源を獲得・開発することが必要になってきます。製品・サービスを生み出せたとしても、十分な資源がなければ効果的に競争することはできないということです。特に重要なのは、マネジメント人材の獲得です。近年では、リスクマネーの提供者は増えてきましたが、経営人材は依然として希少資源です。そうした人材の確保ができなければ、企業は混乱に陥ってしまい、「繁栄なき多忙」に陥ってしまいます。よくある失敗は、起業家が将来性のある人材は雇えないと思い込み、スキルや能力が低い人材を雇うというケースです。これは短期的には正しいようでも、中期的にはかえって問題を発生させることになります。

この段階を乗り越えた企業が次に直面するのはオペレーション・

システム、つまり経理、請求・集金、採用、社員教育、セールス、生産・サービスデリバリー、物流などの仕組みを構築することです。イノベーティブな製品やサービスを生み出した会社でも、この段階でトラブルを起こすことは少なくありません。この段階を乗り越えないと、顧客満足は高まらず、持続的な競争優位は築けません。

その次の成長の痛みは、マネジメント・システムの開発です。これは、素人的な経営から、プロフェッショナルな経営に移行する上での痛みとも言えます。PDCAの仕組みや管理会計、人材開発の仕組みなど、属人的能力に頼らない仕組みを構築しないと、いつまでも経営陣の時間が足りないという、自転車操業的な経営に陥ってしまうのです。

最後の段階の課題は組織文化の管理です。ハードな仕組みだけで組織は安定的に動くものではありません。組織を良い方向に導く組織文化をしっかり構築し、自律的に従業員が行動できるソフトな要素を組織に根付かせることが、持続的かつ大きく成長する組織を作る上で大事なのです。

事例で確認

成功しているベンチャー企業は概ねこうした段階的な成長の痛みを乗り越えてきました。例えばスターバックス・コーヒーは、サービスのアイデアだけで成功したわけではありません。高速に出店するためのオペレーションの仕組みや、マネジメント開発の仕組み、企業文化の確立を矢継ぎ早に成し遂げたからこそ大きく成功できたのです。

とは言え、同社も成長後、一時期は混乱に陥り、創業者のハワード・シュルツ氏の再度の努力が必要となりました。成長の痛みの克服を、表面上だけではなく、芯まで浸透させるのはやはり簡単ではないのです。

図表30-2 組織開発のピラミッド

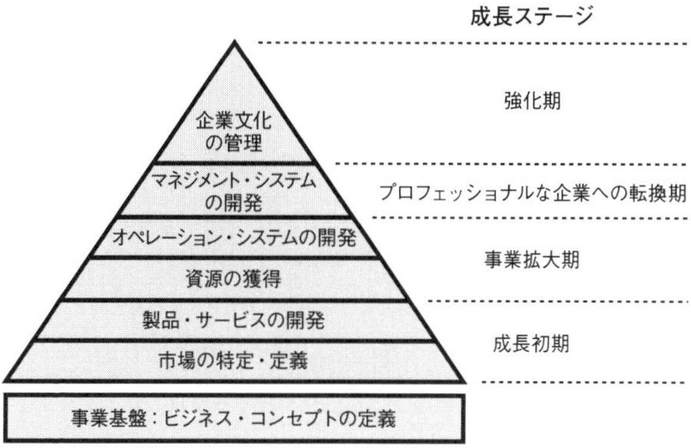

出典：エリック・G・フラムホルツ他『アントレプレナー　マネジメント・ブック』ダイヤモンド社をもとにグロービス作成

コツ・留意点

1 成長の痛みがどの段階でやってくるかを予測することが、順調な成長を遂げる鍵になります。フラムホルツらは、著書の中で、製造業であれば1億ドルから5億ドルの売上げの段階までに、ある程度はプロフェッショナルな経営が出来る体制にすべきであると説いています。なお、この目途は業態によっても変化します。サービス業であれば製造業のおよそ3分の1程度が目途になるというのが同氏らの提案ですが、昨今はITベンチャーなどさまざまなビジネスモデルが存在します。売上げのみならず、現実的な組織内の状況を見ながら、来るべき成長の痛みに前広に対応していくことが順調な成長を遂げる上で大切と言えるでしょう。

2 近年はプロフェッショナル人材の流動化が進んだおかげもあって、かなり初期の段階からプロフェッショナル的な経営を行うベンチャー企業も増えてきました。ただし、あまりに初期の段階から優秀な人材を採用しようとすると、組織が重たくなってしまい、ベンチャーならではの創造性や活気を削ぐことにもなりかねません。そのあたりのバランス感覚は非常に重要です。

5章

人の行動原理編（影響力の武器）

5 章で学ぶこと

本章で紹介する項目は、ある意味で６章で紹介するバイアス（思考の歪み）の一種です。しかし、その重要性に鑑み、ここでは人を動かす項目として分け、１章を独立させました。

本章で紹介する項目は６つですが、これはそのままロバート・チャルディーニ著の『影響力の武器』に準拠しています。グロービス経営大学院でも、「パワーと影響力」は１つの科目として独立していますが、それだけここで説明する項目は重要性も効果も高いのです。

返報性は、影響力の武器の中でも最も人間の本質に根ざしており、強力な効果をもたらします。交渉術にも応用されています。そのメカニズムや回避方法を知ることは、ビジネスパーソンにとって必須と言えるでしょう。

コミットメントと一貫性も、交渉術のさまざまなテクニックに応用されるなど、極めて高い効果を持ちます。部下を動かす上でも非常に有効な法則です。

社会的証明、**好意**、**権威**は、上記２つに比べるとやや色合いは異なりますが、いずれも多くの人に影響を与えます。特にマス広告などでも使えるという意味で、マーケターの方々にも理解いただきたい項目です。

人だけではなく、モノにおいても効果的という意味で、**希少性**

はやや独自です。これもマーケティングなどでよく応用される法則ですので、上手く活用したいものです。

本章で紹介する6つの影響力の武器は、自分が用いるという点もさることながら、他人に仕掛けられたときにそれをうまく防ぐという観点も非常に重要です。そうしたことも意識しながら読み進めてください。

31 返報性

他人に借りがある状態は好ましくないので、お返しをしなくてはいけないと考える人間の性向。

分野 ▶ 組織行動学、マーケティング、ネゴシエーション

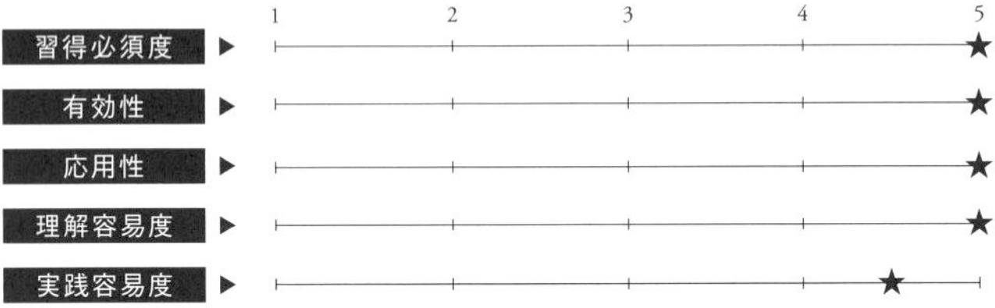

基礎を学ぶ

活用／意識すべき場面

- 人を効果的に動かす
- 多くの人に便宜を図ることでネットワークを拡大する
- プロモーションやセールスに活かす
- 交渉のテクニックに応用する

考え方

相手に施しを与えることで見返りを得るという返報性の原理は、ロバート・チャルディーニが提唱した影響力の武器の中でも、最も強い影響力を他人に与えることができるものです。

人間には受けた恩義には報いないといけない、借りは返さないといけないという強い義務感が生じます。これは、社会的な生物である人間が、原始時代より共同生活を営む中で育んできた感情です。そして、そうした「お返し」を行う人間が淘汰を逃れて生き残ってきたことが、現在に至るまで返報性が強く広範囲に残っている大き

図表31-1 返報性

借りのある状態は
気持ち悪い……
何か頼まれたら
応じないとなぁ……
貸し
お返し

な理由と言えるでしょう。

特に小さなコミュニティの中では顕著ですが、受けた恩義に報いない人間は「恩知らず」などと非難され、生活や活動がしにくくなります。そうしたストレスを避けるように人間は幼少期より教育を受けますし、実体験を積んで学んでいきます。また、現実にお返しをすると人間関係が円滑になり、自分自身に対するリターンが増すことも学んでいきます。こうして返報性は、普通の人間であれば基本的に持つ性向となるのです。

返報性はさまざまなところで用いられています。例えばマーケティングのプロモーションとして無料サンプルをもらえば、その後もしその会社から電話がかかってきて購入意向を聞かれたら、「買わないとまずいかな」と感じる人が一定比率生じます。

返報性を用いたテクニックとして最も有名なのは、交渉術の「ドア・イン・ザ・フェイス」のテクニックでしょう。これは最初に過大な要求を突き付け、それが断られたら、もっとレベルを落とした、本来の要求を出し、受け入れてもらうというものです。例えば、本来は1万円の寄付をしてもらえれば御の字というシーンで、最初に「5万円の寄付をお願いします」と要求を出してみます。相手は、「そんな金額は出せないよ」と言います。そこで「1万円だけでもいかがでしょう」と言うと、相手は、最初の要求を断ったという負い目（借りを作ったという感情）が生じるため、「まあ、1万円ならいいよ」といったように、本来の狙いの額を出してくれるのです。

このように、実際に具体的な便宜を与えた場合のみならず、相手が「借りを作った」と感じるだけでも働くのが返報性なのです。

事例で確認

返報性は政治の世界でも活用されるテクニックですが、この原理を用いて勢力を拡大することに最も成功したのは田中角栄元首相でしょう。田中氏のネットワーキングの基本は、まずは相手に便宜を図ってあげ、その後にお返しを期待するというものでした。若手の政治家に金銭的な援助やアドバイスを与えたり、企業家にはいわゆる「口利き」を行うことで恩義を感じてもらい、ネットワークの拡大を図りました。落選したばかりの野党議員にも金銭的援助を行うことで相手に強い貸しを作り、将来の国会対策に備えたという逸話もあります。

田中氏自身も受けた恩義には地道に応えました。1982年の自民党総裁公選では、10年前の総裁選で自分を助けてくれた恩義に報いるべく中曽根康弘氏を支援し、中曽根氏を総裁に押し上げたのです。こうした信頼感が、彼のパワーとなっていきました。

この手法は弟子の竹下登氏にも受け継がれました。竹下氏は、「自分で汗をかき、手柄は人に取らせる」をモットーに多くの人に恩義を感じてもらい、勢力を広げていったのです。

図表31-2 ドア・イン・ザ・フェイス

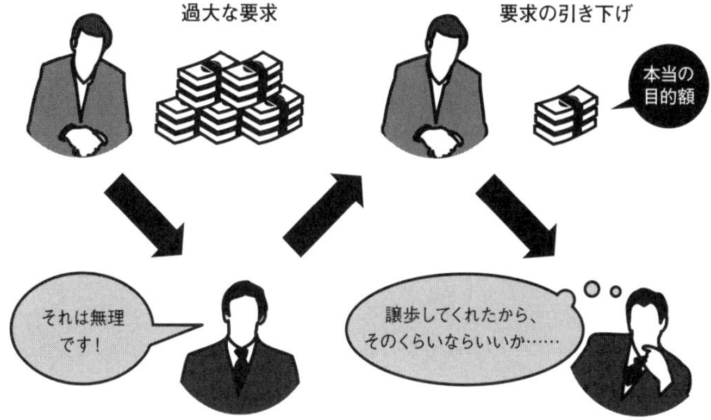
過大な要求
要求の引き下げ
本当の目的額
それは無理です！
譲歩してくれたから、そのくらいならいいか……

コツ・留意点

1 返報性は、非常に強く働く感情であるため、しばしば、最初に与えた便宜とつりあっていないような過大なリターンを得ることも可能とされています。たとえば、大した手間もなく人を紹介してあげただけでも、その見返りとして、自社のセミナーに登壇してもらったり、ある程度手間のかかる推薦文の作成をしてもらったりすることが可能になることがあります。貸しとそれに対する見返りは完全につりあっている必要はなく、「貸し借り」がある状態が解消されることが大事なのです。それだけ人間は「借りがある」という感情をストレスに感じるということです。

2 返報性は否定される心理ではありませんが、販売のテクニックなどにこれを使ってくる人間には注意する必要があります。たとえば、ちょっとしたサービスをした後に高額な商材のセールスを始めるというパターンです。これを避ける単純な方法は、客観的に自分と相手を観察し、これは単なる販売テクニックであることを見抜くことです。それによって、「これはお返しをすべき借りではない」という感情を持つことができるのです。

32 コミットメントと一貫性

いったん自分がある立場をとると、その立場を維持しないと居心地が悪いため、一貫した行動をとろうとする人間の性向。

分野 ▶ 組織行動学、マーケティング、ネゴシエーション

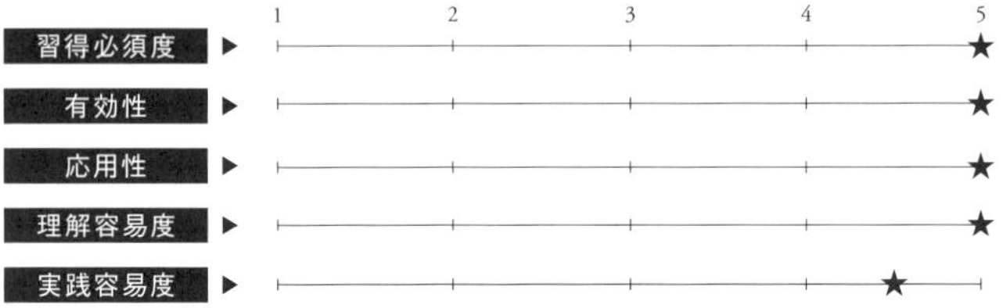

基礎を学ぶ

活用／意識すべき場面

- 人を効果的に動かす
- 企業変革の際に抵抗勢力を取り込む
- プロモーションやセールスに活かす
- 交渉のテクニックに応用する

考え方

人間は、いったんある立場をとると、仮にそれほど強い思い入れがない場合でも、その立場をとりたがるものです。例えば、環境問題にそれほど大きな関心がない人間でも、いったん地球環境保護の立場に立つと、その態度を保持し続けることに安心感を抱くのです。

人間がこのような行動をとる理由にはいくつかのものがあります。一般に人は態度をコロコロ変える人間に対して不信感を持つものですが、一貫した態度をとることでそうした外部からの見え方を避けることができます。また、一貫した態度をとっていれば、何か

図表32-1 コミットメントと一貫性

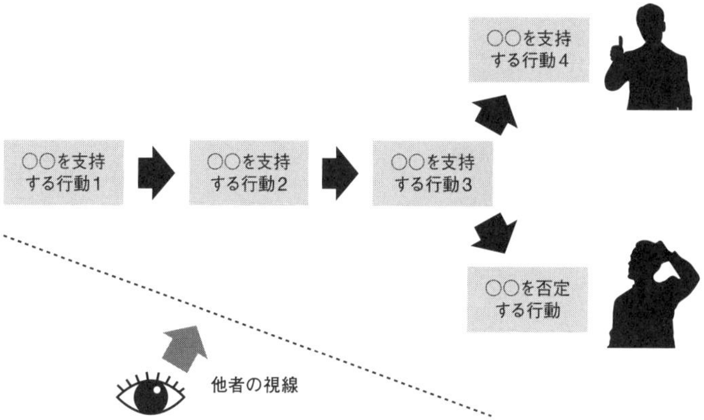

判断を迷った時にもそれが判断基準となり思考をショートカットできるというメリットもあります。結果もついてきやすくなります。

コミットメントと一貫性の性向を用いる例として、企業変革の際に抵抗勢力の人間をあえて推進側のポジションにつけるというやり方があります。そうすると彼／彼女は立場上、推進に向けた意見や行動をしなくてはならなくなります。そうしているうちにいつの間にか彼／彼女は本当に熱心な推進者となっていくのです（人によってはサボタージュすることもあるので、リスクもあります）。

交渉術でもこの心理は用いられています。1つは「フット・イン・ザ・ドア」というテクニックです。これは、小さな協力をまずは取り付けて、徐々に大きな要望を聞いてもらうというものです。例えば寄付を募るのであれば、最初は千円でもいいので寄付してもらいます。その後、「あなたは○○に関心と理解を持たれている方なので、ぜひもう少し援助をお願いできないでしょうか」などと説得します。相手は一度その立場にコミットしてしまったため、一貫性を持った人間と見られたいという心理が働きます。そうして徐々に寄付の額を高くしていくのです。

似たようなテクニックに「ローボール」というものがあります。これはとにかく一旦合意を取り付け、その後にどんどんオプション等を乗せていくという方法です。例えば非常に安い英会話の教材・サービスの購入に合意したとします。本来はその額のみだったはずなのに、いざ契約しようとすると、「実はこれには追加でこのコストがかかるのですが、英語をマスターしたい○○さんのことですから、問題ありませんよね」などとセールスパーソンは言います。いったん合意した手前、いまさら引けなくなってしまい（これには、198ページで解説するサンクコストへの拘りも絡んできます）、その追加額も承諾してしまうのです。そしてさらに、先方はいろいろ理由をつけてオプションを売りつけてくるのです。

事例で確認

コミットメントと一貫性が悪い方向に働く例に、投資初心者の特定銘柄への思い入れがあります。

たとえばA社の株を買った上に、他人に「A社は絶対に伸びるよ。君も株を買ったらどうだい」などと言ったシーンを想定してみましょう。A社の株価が順調に上がっていればいいのですが、仮に買った時の株価を下回ったとします。一般に、人間は自分が買った株（これはギャンブルの馬券や車券も同様です）に関しては根拠のない自信を抱きますから、この程度ではA社株を手放そうとしません。問題は、株価がある程度まで下落した時です。経験を積んだ投資家であれば一定の「損切りライン」を設けてさっさとその株を見切ってしまうものですが、このケースでは人にまで言った手前、なかなかA社株を売却するタイミングを掴めず、損が膨らんでしまうのです。

図表32-2 フット・イン・ザ・ドアとローボール

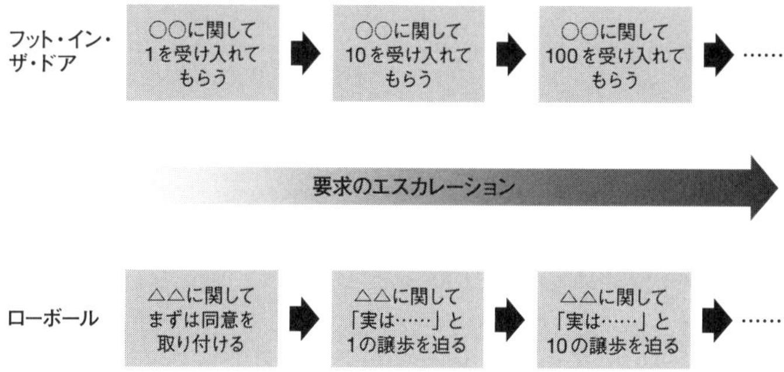

コツ・留意点

1 コミットメントと一貫性は人間の強い性向ですが、最初の行動が常に強い一貫性を引き出すとは限りません。人に良い方向の一貫性を持ってもらうためには（例：子育ての際の習慣づけ）、さらに工夫が必要になります。その1つは、周りに向かって公開するというものです（本文中の株式の例もそれです）。そうすると監視機能が働きますから、容易にその立場を変えることは難しくなります。ある程度の労力を払ってもらうことも有効です。例えば、紙にその行動をする理由を書いてもらうなども、単純ですが有効な方法です。この方法は、自分が自発的にその行動を始めたのだと思い込ませる効果もありますから、一石二鳥で人を一貫性維持の方向に動かせるのです。

2 フット・イン・ザ・ドアやローボールのテクニックは非常に強力であるため、多くの人間はなかなかそれに抗することはできません。チャルディーニは、こうしたテクニックを人から仕掛けられた際には、生理的、心理的な抵抗感をしっかり感じ取ることが重要だと説いています。そのためにも身体や心の状態を感受性の高い状態に保っておくことが望まれます。

33 社会的証明

人間は、特に自分があまり自信を持てないことに関しては、多くの人の行動に従うという心理。

分野 ▶ 組織行動学、マーケティング

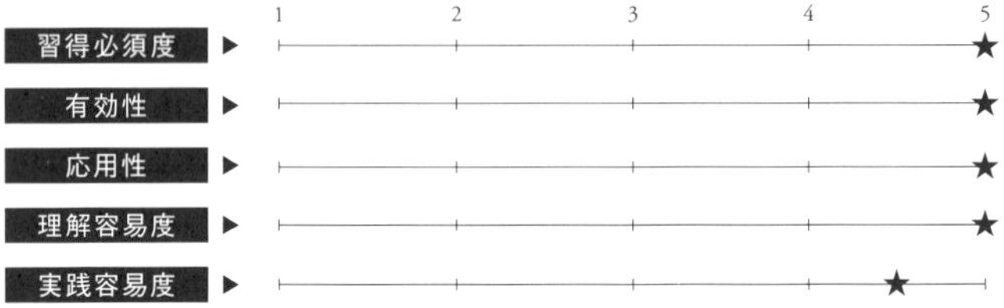

基礎を学ぶ

活用／意識すべき場面

- 人を説得する際の根拠とする
- マーケティングのプロモーションに活用する

考え方

社会的証明は、簡単に言えば、「世の中の多くの人の意識、行動」を参考にするということです。人間は、自分で判断しにくい時には他人がやっていることを参考にするという、ある意味で安易な性向を持つのです。

そのわかりやすい例がテレビの視聴率や音楽のランキングです。テレビの視聴率について言えば、確かに視聴率の高い番組は面白い可能性は高いですが、それが自分の好みと合っている保証は特にありません。それでも、人は「多くの人間が観ているなら、それなりの価値はあるのではないか」と考え、チャンネルを合わせてしまうのです。

図表33-1 社会的証明

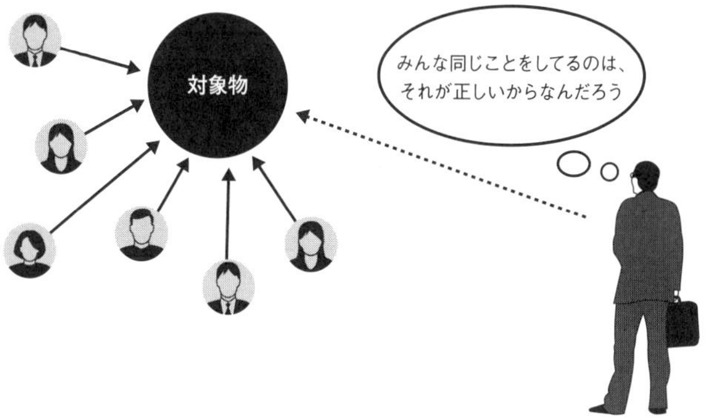
対象物
みんな同じことをしてるのは、
それが正しいからなんだろう

テレビ番組で、大勢にアンケートをとる番組などが人気を得るのも、社会的証明が働いた結果と言えます。単なる興味と言う側面もあるのでしょうが、「自分は多数派に属している」という安心感を得たいという感情もそうした番組を観る動機となるでしょう。

社会的証明が重要な影響を与えるのは主に2つの状況においてであるとチャルディーニは指摘しています。

1つは、状況が不確実な時です。人は自分が確信を持てない時や、状況判断が難しい時は、他人の行動に従やすくなります。これは「傍観者現象」によく表れています。傍観者現象とは、急病人などがいても、誰もそれに意識を払わない時に、自分も何もしなくてもいいという行動になって表れます。

もう1つは類似性が見られる状況です。次項で述べる「好意」とも大きく連関しますが、人間は自分と似た属性の人々の行動に大きく影響されます。たとえば企業の中でいえば、同じ職層の人間の行動に人の行動は大きく左右されます。もし彼らの多数がある案件についてNOの意思表示をするのであれば、自分もそれに流されてしまうという人間は多いでしょう。

社会的証明は、若手人材の育成などでも大きな力を発揮します。例えば、あることを部下にしてほしいのであれば「君の同期は皆こんな風にしているよね。君も当然こうするといいと思わないかい」などと指導すれば、彼／彼女はそのアドバイスに従う可能性が高くなるでしょう。

マーケティングにおいても、「○○の悩みを持つ人の△△%がこの製品を買って満足しました」などという惹句は、潜在顧客に対して大きな影響を与えうるのです。同じ悩みを持っている同類と言う点がポイントです。

事例で確認

社会的証明をマーケティングに活用したわかりやすい事例は、飲食店や食品売り場の行列です。行列ができるということは美味しいお店なんだろうと人々は考えるため、自分もそこに並んで買いたくなってしまうのです。

もちろん、普通は美味しいお店であるものですが、新規開店の店などでは、いわゆる「サクラ」を仕込むことがあります。サクラであっても、多くの人々が行列を作っていると、人々はそこに関心を寄せてしまうのです。

78ページのバンドワゴン効果のところでも述べたように、書籍の販売などでは、「50万部突破」「Amazonランキング連続7週1位」などといったPOPが飾られることがありますが、これも社会的証明をマーケティングに応用したものと言えます。ポイントは、なるべく多くの人の関心を引くフレーズを用いることです。誰にもわかりやすいランキングなどはやはり有効と言えます（図表33-2）。

図表33-2 マーケティング等への応用例

- 行列
- WEB上におけるカウンターでの利用者数表示
- 「○○人が利用」「Top10入り」などのPOPやメーリングリストのキャッチコピー
- 著名人のコメントの転載
- 店に飾られている著名人の色紙や来店写真

コツ・留意点

1 社会的証明は、しばしば人を陥れるために用いられます。本文中に示した「サクラ」もその例ですし、映画の広告などで流れる「感動しました」「今年最高の映画です」といったインタビュー映像などもその典型例と言えるでしょう。これは、「実体」が相応のレベルにあれば（例：「スターウォーズシリーズ」）1つの方法論として目くじらをたてるほどのこともないのですが、実体に全く実力がないのであれば、悪く言えば虚偽宣伝です。これは長い目で見れば、その企業の信頼を落とすことにつながりかねません。いまや人々は社会的証明を用いた広告には慣れてきています。いたずらにこれを用いて企業イメージを低下させることは避けたいものです。

2 社会的証明を用いたテクニックに騙されないためには、虚心坦懐に物事を見て判断する冷静な思考が必要になります。「本当にそうなの？」「誰かが虚偽の情報を作っていないのか？」という健全な批判精神を持つことがまずは必要です。また、自分と似たような属性の人間のことだからといって、安易にそれを信じ込まない客観性も求められます。

34 好意

関心のない人間からの依頼ごとなどには冷淡な一方で、好意を持つ人間からの依頼ごとなどには応じてしまいやすい人間の性向。

分野 ▶ 組織行動学、マーケティング、ネゴシエーション

項目	評価（1〜5）
習得必須度	5
有効性	5
応用性	5
理解容易度	5
実践容易度	4

基礎を学ぶ

活用／意識すべき場面

- どのような属性を備えれば多くの人に影響力を与えられるか、そのヒントにする
- プロモーションやセールスに活かす

考え方

セールスの世界では、「人は、もし費用も効果も同じなら、友人から買うか、親しい人間から買う」という言い慣わしがあります。好意を持つ人間の依頼には応える一方で、そうでない人間の依頼には冷たく対応するというのは人間の極めて自然な感情と言えるでしょう。

好意はさまざまな要素から生まれます。

1つ目は共通点です。人間は自分と類似の属性を持つ人間には甘くなりがちなのです。筆者はかつてあるセッションに参加した時に、見ず知らずの他人と組んで、一定時間になるべく多くの共通項

図表34-1 好意

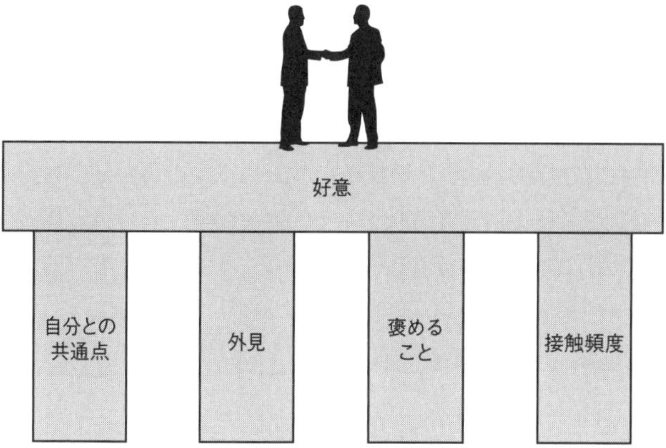

を見出すようにという指示を受けたことがあります。その時はいくつかの趣味が共通するだけでしたが、仮に「出身地が同じ」「出身校が同じ」「親友が共通」などの類似点があれば、一気に距離は近づくことになるでしょう。一般には、4つ、5つの共通項が見つかれば、話にも困らないし、自分と友人と見なすと言われています。優秀なセールスパーソンなどは、雑談の間にそうした共通項を見つけようとするものですが、それは好意を得、セールスを有利に進めるためのテクニックなのです。

もう1つは見た目、外見の魅力です。これぱかりは天性のものに左右される部分が大ですが、やはり人間は美男美女に魅かれますし、男性であれば長身はやはり有利です。そこまで行かずとも、清潔感や身なりの良さは、人に影響を与える上で大きな要素になります。『人は見た目が9割』という書籍がベストセラーになったこともあります。テレビCMで、企業が美男美女を用いるのも、やはりそれなりの理由があるのです。

人を（お世辞でもいいので）褒めることも好意につながります。もちろん、本人ですら納得しないような嘘は好ましくはありませんが、ある程度自信がある部分について褒められて気分を害する人はいません。相手が自信のありそうなところを見抜き、適切な方法で褒めることは、好意を得る上で非常に有効です。

単純に接触頻度を増やすことも、シンプルですが有効です。近年、昔ながらの御用聞き営業は非効率という言い方がなされることが増えましたが、それでも接触頻度の多さは好意につながります。これを単純接触効果と言います。人間は、1年に1度しか会わない人間よりも、やはり月に1度は会う人間の依頼を聞きがちなのです。

交渉術で「良い警官、悪い警官戦術」と呼ばれるテクニックもこの好意の感情を利用しています（図表34-2）。厳しい相手が出てきた後に、優しく自分を認めてくれる相手が出てくると好意が湧き、思わずその人の言うことを聞いてしまいたくなるのです。もちろんこれは単なるテクニックなのですが、そのコントラストの効果と相まって、優れた効果を発揮します。

事例で確認

欧米の調査ですが、男性の場合、平均身長から1インチ（約2.5センチメートル）身長が上下するごとに、平均年収はおよそ2%上下するとの報告があります。

また、過去のアメリカの大統領選挙（ほぼ国民投票で決まる）の選挙結果は、身長の高い候補の勝率はおよそ8割と言われています。人間が外見によっていかに影響を受けやすいかを示す結果と言えるでしょう。人間は、美形や長身といった要素と、正しい、信頼できる、リーダーシップがあると言った要素を根拠がなくても結びつけてしまうのです。

図表34-2 良い警官、悪い警官戦術

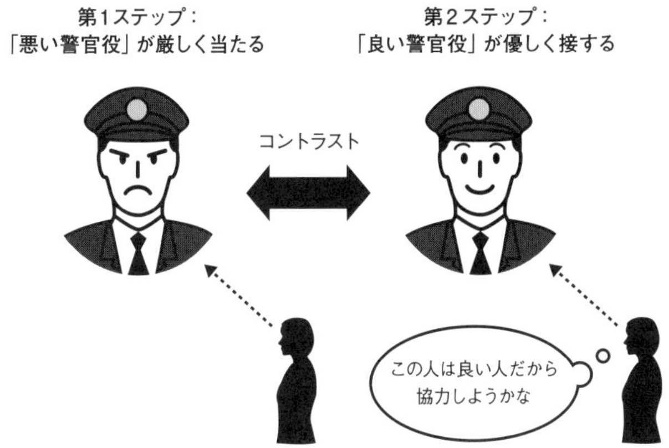
第1ステップ：
「悪い警官役」が厳しく当たる
第2ステップ：
「良い警官役」が優しく接する
コントラスト
この人は良い人だから
協力しようかな

コツ・留意点

1 好意は、うまく使えばビジネスを円滑に進める潤滑剤となり、ビジネス的にもリターンをもたらしますが、悪用すると問題を引き起こしかねません。近年はネットで犯罪の共犯者や一緒に自殺をする人間を探す人がいて問題になっていますが、そこでも同じ悩みを抱える人間に対する好意という心理が働いているのです。そこまで極端ではなくとも、話の分かる人間、共通項のある人間のふりをして人を自分の有利な方向に動かそうとする人間は少なくありません。そうした罠に陥らない鍵は、ここでも客観的に自身と相手を観察し、虚偽の好意ではないのかをしっかりと見極めることです。

2 好意は、組織の凝集性、一体感を醸成する上でも役に立ちます。よく企業合宿などと称してオフサイトで会議を行う企業がありますが、その狙いは単に職場を離れた場所で中長期の計画を練ることに留まりません。通常は夜の宴席なども設けられることが多いのですが、そこで腹を割って話をしたり、まさに共通項を見つけることで親しくなるなど、従業員間の好意を増すこともその狙いとなっているのです。

35 権威

人は権威のある、あるいは権威があると感じる人間からの指示には盲信的に従ってしまいやすいという性向。

分野 ▶ 組織行動学、マーケティング

	1	2	3	4	5
習得必須度 ▶					★
有効性 ▶					★
応用性 ▶					★
理解容易度 ▶					★
実践容易度 ▶				★	

基礎を学ぶ

活用／意識すべき場面

- 自分の影響力を増すヒントにする
- プロモーションやセールスの説得力向上に活かす

考え方

人は、その世界の権威の言葉にはなかなか勝てません。そうした権威の力を強く世の中に示すことになったのが、アイヒマン実験（実験の計画者の名をとってミルグラム実験とも呼ばれます）の結果です。アドルフ・アイヒマンは、ナチスの元党員で、ユダヤ人虐殺で大きな役割を果たした人間です。

その彼が異常な性格な持ち主だったのか、それとも実は平凡な人間だったにもかかわらず、ある特殊な条件下で凶行に及んだのかが実験で検証すべき内容でした。

その実験では、普通の一般市民が集められました。そして、あるルールに基づいて、「先生役」が「生徒役」に罰を与えるという設定

図表35-1 権威

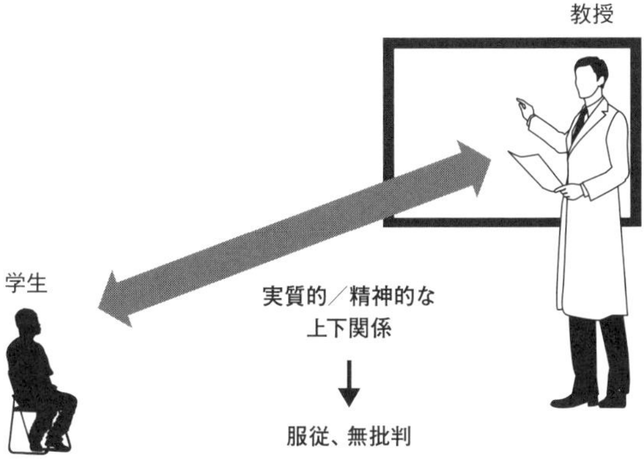

になっていました。罰とは、問題に間違えると電圧をかけ、間違いが増えるたびにかける電圧が大きくなるというものです。

実は、この生徒役はすべて「サクラ」で、実際には電流は流れていません。被験者は先生役の方でした。詳細は割愛しますが、先生役の被験者は、生徒役の悲鳴を聞いて、電圧を上げることを躊躇します。しかし、白衣を着た実験関係者、すなわち権威ある人間に「続けるように」「続けても大丈夫」と言われます。その結果、多くの先生役の被験者は、生徒役の絶望的な悲鳴が聞こえる最大限の電圧まで上げていったのです。中には、笑みを浮かべるような被験者もいたということです。

この実験により、一般的な人間でも、権威に盲従してしまうような場面では、自分の良心に背いてでも、権威の声に従うことが示唆されたのです。事実、アイヒマンは異常性格者ではなく、単なる小心な役人であったことがさまざまな資料から示されています。

権威は、実際に実力やそれに伴う肩書（例：大企業の社長、有名大学の教授など）があれば非常に効果的ですが、時にはそうした実力や肩書がなくても、別のシンボルがその役割を果たすことがあります。その1つは外見です。たとえば先の実験でいえば、研究室の中における白衣という外見は、権威の象徴として非常に有効です。ファッション店の販売員がオシャレな服を着ていると顧客に対して説得力が増すのも同様です。

もう1つは身にまとうアイテムです。交渉相手先の社長が立派な腕時計をしていれば、やはりそこから成功者であるというニュアンスが伝わってくるでしょう。

事例で確認

「権威」にマスコミまでが騙された事件として記憶に新しいのが、元東京大学医学部附属病院特任研究員の森口尚史氏が引き起こした虚報事件です。森口氏は、「世界で初めてiPS細胞を使った心筋移植手術を実施した」と発表し、それを読売新聞が大々的に報じたのです。ちょうどその時期は山中伸弥教授がiPS細胞の研究でノーベル賞を受賞することが決まっており、iPS細胞というものに世間的な関心が集まっている時期でもありました。その後、そのような事実はないとの情報が相次ぎ、読売新聞は数日後に「同氏の説明は虚偽」であることを認めることになりました。

iPS細胞を心筋移植に用いるとすれば、かなりの準備が必要ですし、当局の許可もいるでしょう。関係者からの情報も流れるはずです。常識的に考えれば、医師でもない森口氏が秘密裏にそうした移植手術を行えるはずがありません。それにもかかわらず、読売新聞を始めとする一部マスコミが騙された背景には、東京大学医学部附属病院特任研究員という肩書に加えて、「対談は常に東大医学部の教室などで行われた」といった舞台設定により、権威に対する盲従が生まれたからと言えます。

図表35-2 権威をもたらす3つの要素

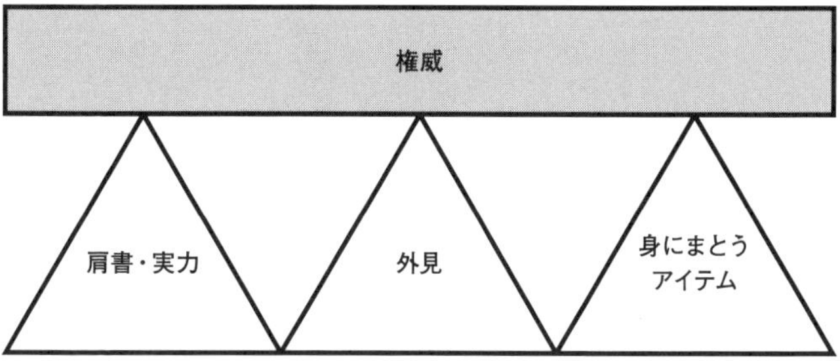

コツ・留意点

1 権威の力には強いものがあるため、往々にしてその人間の専門領域外にすら影響を及ぼすことが知られています。例えば、ノーベル賞受賞者がある活動でスピーカーを務めたというニュースが流れることがしばしばありますが、往々にして当人の専門外の分野であることが少なくありません。ノーベル科学3賞の受賞者やノーベル文学賞受賞者が政治問題を語るなどです。冷静に考えれば、いくら知性が高くても、政治問題に関しては本来素人のはずですから、そこまでの信頼性はないはずなのですが、「ノーベル賞受賞者」という肩書が一定の説得力を持たせるのです。同様のことはテレビのCMでも行われています。多少ずれた分野であっても、「医学博士」の肩書きの人がサプリメントの効果を訴えれば、そこには一定の説得力が生じるのです。

2 権威によって判断を間違わないコツは、相手の実力や実績にフォーカスし、外見や身につけているアイテム、あるいは本文中に示した「東大の教室」などといった舞台設定などの影響を取り除いて考えることです。その上で、さらにその権威からの指示が正しいのかを疑う批判精神が大事となってきます。

36 希少性

希少なものは価値がある、あるいは希少なものを得損ねるのは惜しいと考える人間の性向。

分野 ▶ 組織行動学、マーケティング

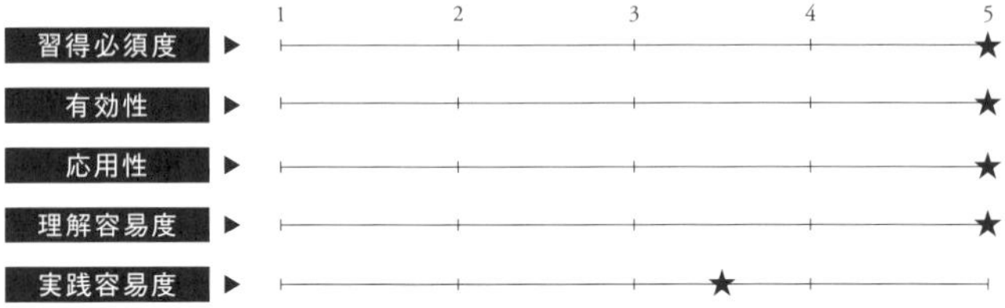

基礎を学ぶ

活用／意識すべき場面

- プロモーションやセールスに活かす
- 自分自身のキャリア・ディベロプメントのヒントにする
- 企業や事業の独自性を上げるヒントを得る

考え方

希少性は、これまでの影響力の武器とは異なり、人だけではなくモノについても働くという点でユニークです。

ダイヤモンドがその典型ですが、希少なものにより多くの価値を感じるというのは人間のいたって自然な感情と言えます。それを応用した典型例が、限定品の発売というマーケティング戦略です。世界中に溢れているものより、世界に100個しか出回っていない商品を保有するということは、人間に特別な感情を湧きあがらせます。

さらにそれに付加価値（例：有名人のサインなど）がついてオンリーワンの商品になれば、その価値はさらに跳ね上がります。通

図表36-1 希少性

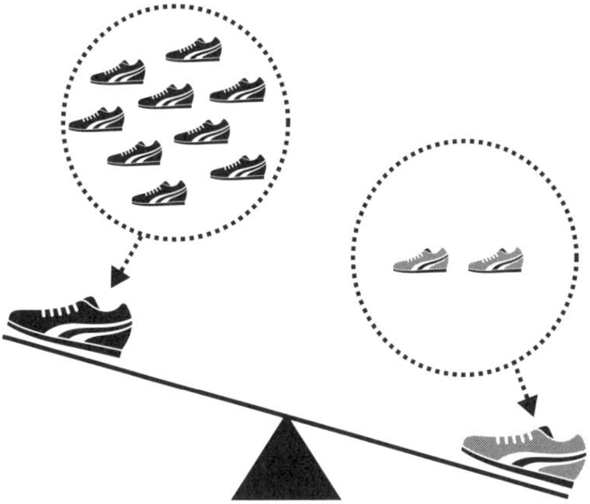

常、オークションなどで高値落札される商品は、ほとんどがこの「世界に一つしかない品物」です。なお、オークションではしばしば予想以上の値がつくことがありますが、これはオークションという競争環境が希少性の感情を刺激するためです。

希少性に人間が魅かれる理由としては、希少性が高まるとそれを得ることの自由度が下がり、その自由度を失うことを恐れるために心理的な抵抗が上がるという要素も指摘されています。単に数が少ないだけではなく、期間限定などの売り方や、あえて情報を制限するといったやり方が希少性の感情を湧きあがらせる効果（これをスノッブ効果と言います）を持つのもそのためです。

希少性はまた、もともと希少だったものがさらに希少になった時に強く働くとされます。これも自然な感情と言えるでしょう。

希少性は人間の影響力にも当然関わってきます。例えば、世界に何人も専門家がいるような分野では、自分の存在意義は微々たるものでしかありません。ところが、仮に世界で自分しかコメントできないような分野があれば、もしそれに関連して事件等が起これば、あらゆる取材は自分に殺到することになるでしょう。圧倒的な影響力を行使できるわけです。

企業も同様です。ある分野でオンリーワンに近い立場にあるからこそ、さまざまな点に関して影響力を行使できるのです。ダイヤモンドの価格が高かった背景には、その流通をほぼデビアス社が独占していたという事情もあったのです。

事例で確認

希少性をマーケティングに積極的に活用して成功を収めたのが90年代以降、特に90年代のカシオのデジタル時計G-SHOCKシリーズです。カシオは季節やテーマに合わせた限定品を次々に開発・販売することで「G-SHOCK」ブームを巻き起こしました。

その中でも有名なのは1994年に日本で開催された「国際イルカ・クジラ会議」をモチーフとした、「イルカ・クジラモデル」（通称イルクジ）でしょう。これは当時から限定販売で爆発的な人気を呼びました。その後も限定品の販売は行われており、2016年現在で、新品の希少品にはネットオークションで10万円以上の価格がつけられているほどです。その他にも、90年代半ばには「ラバーズコレクション」（通称ラバコレ）という、冬季限定で天使と悪魔をあしらったペアのG-SHOCKなども発売し、これも若者に大いに人気を博しました。

90年代当時のあるアンケートで、「時計といって連想するメーカーは？」の質問に、40代以上の多くがセイコーやシチズンと答えたのに対し、20代以下では圧倒的にカシオの名前が挙がったことが、カシオの特に若年者に向けたマーケティング戦略の成功を物語っています。

図表36-2 オークションにおける勝者の呪い

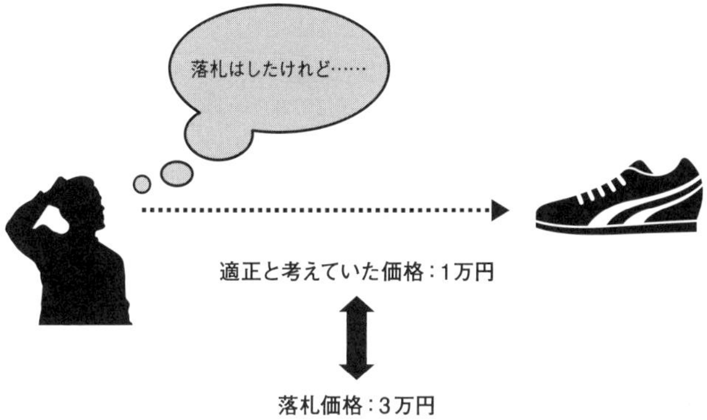

コツ・留意点

1 本文中に述べた「自分だけ」のポジションを作ることは、自分をオンリーワン化することで「自分ブランディング」に成功した例とも言えます。これからのビジネスパーソンの生き方がますます多様化する現代において、いかに「自分だけ」の領域を見定め、そこで価値を上げていくかは、キャリア・ディベロプメントの大きなテーマとなるでしょう。もちろん、その領域は自分だけにとって価値があるものではなく、世の中の一定数以上に対して価値があることが望ましいのは言うまでもありません。誰にも欲されない希少性は希少性としての価値がないからです。

2 希少性を仕掛けてくる相手に抗する最も効果的な方法は冷静になることです。通常、冷静になると、いくら希少性が高いとはいえ、そんなに価値はないことに気がつくからです。時間がなかったり、最後の数個になった時にこそ、冷静な思考を働かせることが必要です。オークションなどはその点、大きな罠が潜んでいると言えます。しばしば「勝者の呪い」（落札した後に後悔する）という現象が起きますが、これも冷静さの欠如の結果と言えます（図表36-2）。

6章

人間心理編

6 章で学ぶこと

本章では、バイアスと呼ばれる人間の思考の歪みについて解説していきます。バイアスは、クリティカル・シンキング、すなわち、健全な批判精神を持った論理思考や問題解決の効果を低減させるものです。また、組織行動学の場面でも、しばしば好ましくない効果をもたらします。中には良い方向に活用できるものもありますが、多くは落とし穴と言えます。ビジネスリーダーとして、いかにこれらを避けていくのか、ぜひそうした問題意識を持ちながら読み進めてください。

確証バイアス、**認知的不協和**、**自己奉仕バイアス**は、人間が自分に都合のいい思考や行動をとる原因になるバイアスと言えるでしょう。誰しも自分がかわいいですし、意識を変えるのは容易ではありません。しかし、これらが往々にして好ましくない結果をもたらす危険性があることは強く意識しておきたいものです。

人を間違った意思決定に導いたり、間違った印象をもたらすのが、**ハロー効果**、**フレーミング**、**サンクコストへの拘り**です。フレーミングのように、上手く活用すれば部下の動機付けなどに使えるものもあるのですが、これらは巧みに仕掛けられると、誤った行動に繋がりがちです。どれも本質を理解すれば回避できるはずなのですが、それは容易なことではありません。

組織変革の難しさを説明する際にも有効なのが、**プロスペクト理論**と**現状維持バイアス**と**授かり効果**です。その意味で、4章の内容とも連関してきます。変革リーダーは人間のこうした思考の歪みを理解し、それを解消する努力が求められます。

主にプレゼンテーションやコンテンツ作成に効いてくるのが、**初頭効果と終末効果、メラビアンの法則、SUCCESsの法則**です。これらは本章の中では、落とし穴というよりは、武器となる側面が大きい法則群です。そのメカニズムを理解した上で適切に用いることが必要です。

バイアスは、人間である以上、避けられないものです。そして、それは悪用もできれば良い方向に用いることもできます。バイアスを理解することは、人間というものを理解することにもつながります。そうした意識も持ちながらそれぞれのバイアスとどう付き合うべきなのかを考えていただきたいと思います。

37 確証バイアス

いったん、ある思い込みがあると、それを支持するような情報ばかりが目につき、当初の思い込みを強化してしまうバイアス。

分野 ▶ 組織行動学、クリティカル・シンキング

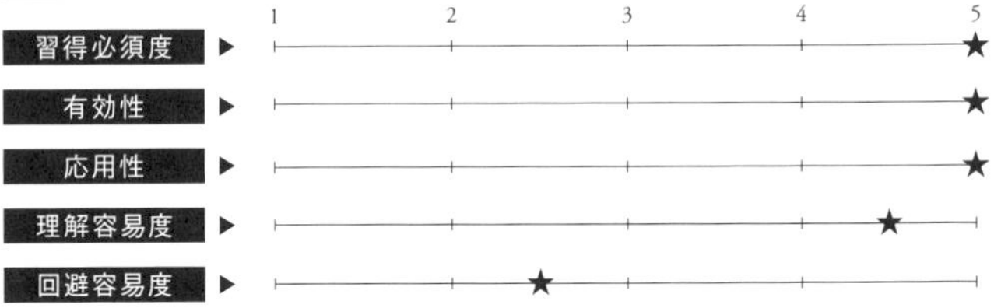

基礎を学ぶ

活用／意識すべき場面

- 自分の主張の正当性や納得感を改めて確認する
- 偏った情報源に頼っていないかを確認し、バランスの良い情報源を持つヒントにする
- 部下の指導を行う際に、部下の視点や視野が限定されていないかを確認する

考え方

人間は、予見なく中立的な視点から物事を見ることがなかなかできません。むしろ、いったん何かしらの見解を持つと、それに都合のいい情報のみを集める傾向があります。これが確証バイアスです。人間には、自分の考えを変えたくない、言いかえれば自分にとって居心地のいい思考の枠に収まっていたい傾向がある証左とも言えるでしょう。

確証バイアスはさまざまなシーンで見られますが、最も多くの人

図表37-1 確証バイアスの例

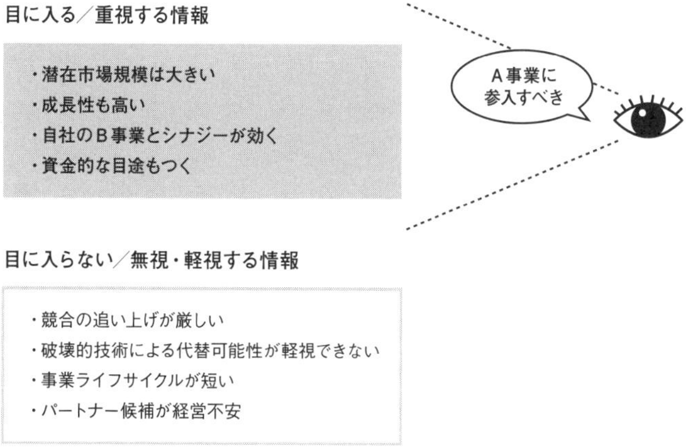
目に入る／重視する情報
・潜在市場規模は大きい
・成長性も高い
・自社のB事業とシナジーが効く
・資金的な目途もつく
A事業に
参入すべき
目に入らない／無視・軽視する情報
・競合の追い上げが厳しい
・破壊的技術による代替可能性が軽視できない
・事業ライフサイクルが短い
・パートナー候補が経営不安

間にとってありがちで、かつ注意が必要なのは、「カテゴリーに対するレッテル貼り」、つまりステレオタイピングです。

どんな人間であれ、図表37-2に示したようなステレオタイピングを大なり小なり持っているはずです。

こうした考え方は、思考をショートカットし、意思決定のスピードを速めるといったメリットを持つ一方で、意思決定の質を落としてしまうリスクがあることは容易に想像がつくでしょう。

いったんあるステレオタイピングが生まれると、そのステレオタイプを強化する情報にばかり目が行き、その逆の情報を探す努力を怠ったり、軽く見たりするようになります。例えば東京大学に何かしらの屈折した感情がある人であれば、もし東京大学出身者がそのステレオタイプに適った行動をとれば、「やはり東京大学出身者は…」となりますし、その逆の行動はほとんど目に入らない可能性が高くなります。仮に目に入ったとしても、意識的／無意識的にその情報を軽く見てしまうのです。

確証バイアスがビジネスで大きな意味を持つシーンとしては、成功に対する思い込みがあります。例えば新規事業の立案などで、「これは絶対にうまくいく」と思い込んでしまうと、GOの指示を得るために都合のいい情報ばかりを集めてしまうものです。

本来であれば、客観的かつ冷静な分析や前提に基づいて新規事業の是非を判断しなくてはいけないのですが、そうした行動をとる人間は少数派です。特に最近は検索ツールが充実していますから、世の中にある数多の情報の中から、自分に都合のよい情報だけを取り出し、それなりに納得のいく資料を作成することも可能になってきています。プランを精査する側の人間としては、かつて以上に注意が必要になってきていると言えるでしょう。

事例で確認

確証バイアスが見られる例としては、書籍や映画のレビューがあります。たとえば自分の好きな俳優が何かの書籍を書いたとします。それを買う前に購入サイトで評判などを見たいと思われる人は多いでしょう。この時、ファンの人は、往々にして良い評価をつけている書き込みを重視し、悪い評価をつけているコメントは読まないか、軽視してしまうのです。

このバイアスは購入前ではなく購入後にも生じます。人間は自分の行動が正しかったと考えたい（合理化したい）という性質も持つため、改めて好意的なレビューばかりを読み、自分の判断は間違っていなかったことを確認したがるのです。

これは広告なども同根の部分があります。広告を流す目的は、まだ買っていない人に認知を促すだけではなく、すでに購買した人に「これだけ広告が流れているんだから安心できるだろう」という感情を湧きあがらせることにもあるのです。

図表37-2 典型的なステレオタイプ

「これだから□□大学出身者は…」

「△△国民ってやっぱり…」

「これだから○○世代は…」

「××県出身の人間は…」

「やはり男性（女性）は…」

「文系（理系）の人間って…」

コツ・留意点

1 確証バイアスが顔を覗かせる他のシーンとして、「自己認識」があります。いったん「自分はこういう人間なんだ」と思いこむと、それに合致した情報や経験を重く見て、ますます自己認識を強めてしまうのです。良い自己認識ならばまだしも、自分に否定的な感情を持つ人間にとって、これは望ましいことではありません。ネガティブではなくポジティブな自己像を思い描き、それを強化するような情報収集を心がけることが必要です。

2 確証バイアスは人間心理の最も深い部分に根ざしているため、脱するのはなかなか難しいのですが、まずは、信頼できる知人の意見などを虚心坦懐に聞き、「本当に自分の世界観が世の中の世界観と一致しているか」を改めて問うことが有効です。そのためにも、サウンディングボードとなる知人をバランスよく持っておくことが重要です。特に、新規事業の提案などでは、遠慮して痛い部分を突っ込んでくれない「良い人」よりも、ピュアな視点からさまざまなアドバイスをくれる知人を、社内のみならず、社外にもたくさん持っておくことが有効です。

38 認知的不協和

人間が自身の中で矛盾する認知を抱えたときに感じる不快な感情。人間はこの不快な感情を解消する行動をとりやすいという性向を持つ。

分野 ▶ 組織行動学、クリティカル・シンキング

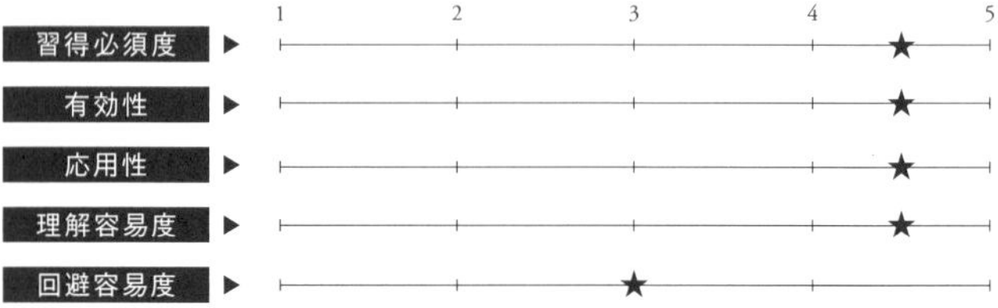

基礎を学ぶ

活用／意識すべき場面

- 他人の一見不可解な行動の原理を理解し、説得するためのヒントを得る
- 自分自身が非合理的な行動をとっていないかを見極めるヒントとする
- 部下の指導のヒントとする

考え方

人間は、同時に相反する認知を抱えたとき、一般には、大小の差こそあれ、不快感あるいは困惑の感情を抱くものです。例えば、食事はいつも外食で美味しいものをたっぷり食べるのが好きという人がいたとします。彼／彼女は、その行動が生活習慣病を招きやすいことは知っています。そこに葛藤が生まれ、不快な感情を抱くのです。そこで、その葛藤を解消するために、認知を変えたり、何かしらの行動をとることになります。

図表38-1 認知的不協和

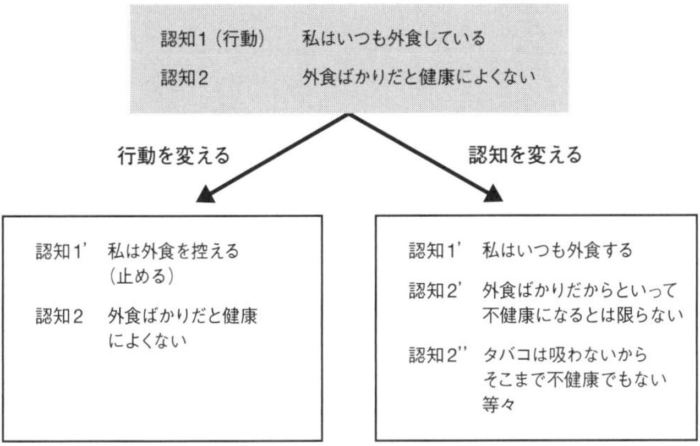

認知1（行動）　私はいつも外食している
認知2　外食ばかりだと健康によくない
行動を変える
認知を変える
認知1'　私は外食を控える（止める）
認知2　外食ばかりだと健康によくない
認知1'　私はいつも外食する
認知2'　外食ばかりだからといって不健康になるとは限らない
認知2''　タバコは吸わないからそこまで不健康でもない等々

認知的不協和自体は、それ自体が問題というわけではありません。認知的不協和の状態となった時に、この不快感を解消するために、望ましい認知を持つ（さらには行動をとる）のではなく、望ましくない認知を持ち行動することが問題なのです。

たとえば上記の状況であれば、ここで「いつも外食ばかりだと健康によくない」という認知を重くみて、「外食の回数を控えよう」あるいは「もっと運動して消費カロリーを増やそう」と考え行動するのは望ましい認知の変更と言えます。

ところが、往々にして、「外食中心の食生活でも、生活習慣病になるとは限らない」と考え、それまで通り外食中心の生活を続ける人がいます。つまり、「外食中心の生活でも、生活習慣病になるとは限らない」というように認知を変えたのです。確かに、常に「外食が多い＝生活習慣病」が当てはまるわけではないとはいえ、彼／彼女の健康にとってはやはり好ましくはないでしょう。

人間は基本的に弱い動物ですからこうした認知の変更を行うこと

で、認知的不協和を解決する人は少なくありません。しかし、こうした認知の変更は、他の心理的なバイアスと相まって、望ましくない行動をさらに強化する可能性が高いのです。

1つは178ページで説明した確証バイアスです。たとえば、外食ばかりでも生活習慣病にならなかった人の話ばかりを重く見るのです。確証バイアスと表裏一体の反確証バイアスに流れるという傾向もあります。反確証バイアスは、自分の下した判断やとった行動にとって好ましくない情報を無視する傾向です。「外食ばかりだと生活習慣病になりやすい」という情報があったとしても、それをことさら無視するか、「まあ、生活習慣病になるのはもともとそういう体質だからな」といったように、自分を納得させるような理屈をつけたがるのです。

こうして、本来好ましくない行動が助長されることになってしまいます。これは個人レベルだけではなく、当然組織でも起きます。近年、「ブラック企業問題」がよく取り上げられますが、そうした企業は往々にして、それが必要だった理由（例：競争環境など）をことさら喧伝したりするのです。

事例で確認

一般に、長い期間にわたって築き上げられた考え方ほど、それが否定されたときには強烈な不快感を抱くものです。自分自身が否定されたように感じるからです。

例えば、戦争に参加した退役軍人は、戦争反対の動きに強い葛藤を覚えることになります。そこで「戦争は良くないことだ」と考え方を変える人間もいますが、それは多数派ではありません。むしろ、戦争の必然性を訴えたり、戦争に参加しなかった人間を攻撃するといった行動をとるのです。アメリカがベトナム戦争を行っていた時には、そうした行動をとる退役軍人が多かったと言われています。

図表38-2 他のバイアスと複合して好ましくない行動を助長する

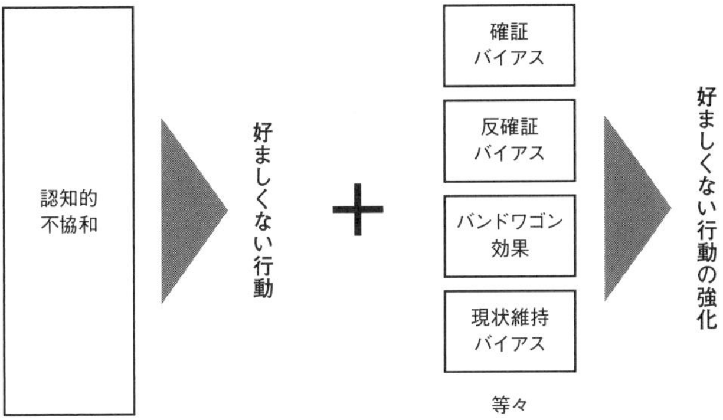

コツ・留意点

1 本文中にも述べたように、認知的不協和の状況に置かれること自体は別に悪いことではありません。そこでいったん好ましくない意思決定をしてしまうと、その意思決定が様々なバイアスによって強化され、なかなか修正がきかなくなってしまう点が大きな問題と言えます。本文中でも指摘した確証バイアスや反確証バイアス以外にも、現状維持バイアス（206ページ参照）やバンドワゴン効果（78ページで解説）なども、複合して好ましくない行動に結びつきやすいバイアスです（**図表38-2**）。集団レベルでも起きる現象ですが、集団の方が、組織の惰性がつきやすい分、厄介と言えます。

2 認知的不協和は、その不協和の程度が大きく、好ましい行動に向かう苦痛が大きくなるほど、実際に行動を変えることが難しいことが知られています。例えば、ビールが大好きな人間は、それがどれだけ痛風や脂肪肝の可能性を増すことを知っていたとしても、ビールを止められません。そして実際に痛風を発症したり、人間ドックで脂肪肝を指摘されてからビールを止めざるを得ないという事態に陥りやすいのです。

39 自己奉仕バイアス

自分がやって成功したことの要因は自分に帰属し、失敗した時の原因は外部に帰属すると考える人間の性向。

分野 ▶ 組織行動学、クリティカル・シンキング

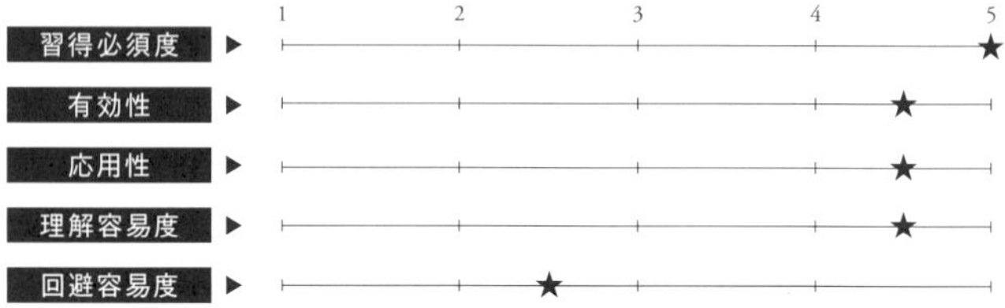

基礎を学ぶ

活用／意識すべき場面

- 部下のMBO（目標管理制度）などのシーンで正しい自己認識を持ってもらう
- 交渉が揉めている際にその原因を探るヒントとする
- トラブルや成功の帰属を明確にし、正しい評価につなげる

考え方

普通の人間には、人の業績は過小評価する一方で自分の業績を過大評価する、あるいは、自分の失敗は過小評価する一方で他人の失敗は過大評価するといった傾向があります。これが自己奉仕バイアスの典型的な現れ方です。これが高じると、自分を称揚し、他人を貶める情報のみを過剰に集めるようになります。視野が狭まり特定の情報を過大に見るという意味で、178ページで説明した確証バイアスに近い部分があります。

このバイアスは組織や集団レベルでも見られます。組織や集団レ

図表39-1 自己奉仕バイアスの例

ベルのバイアスは「集団奉仕バイアス」と呼ばれています。

自己奉仕バイアスが生まれる原因にはさまざまなものが挙げられています。最も大きな原因と推定されているのは、自尊心（self-esteem）を維持したり、自分の感情をポジティブに保つための仕組みという見解です。つまり、本来は弱い性を持つ人間は、そのように考えないと自分の存在を正当化できないということです。

他の理由として、脳の構造に起因するという説もあります。これは記憶のメカニズム上、自分に関する記憶は、他人に対する記憶とは違う経路で頭に残るというものです。

またこれらとは別に、他人に対する印象操作上、無意識にこうした考え方・行動をとってしまうという説もあります。どれが絶対的な理由というわけではないのですが、これらが絡まり合って作用していることは間違いなく、それだけ人間の本質的なバイアスということが言えます。

自己奉仕バイアスは、ビジネスの様々なシーンでも登場し、円滑なビジネス運営を妨げる原因となります。

一例としては、MBO（目標管理制度）のシーンなどがあります。何か上手くいかなかった案件に関して、上司は部下個人にその原因を求める傾向がある一方、部下は、顧客やパートナー企業、あるいは同僚といった自分以外のせいにしようとするのが普通です。

上司としては、「君の問題だ」などと決め付けずに、まずは相手の言い分を聞いて、ある程度の共感を示した上で、質問などを投げかけながら、何が真の原因だったのかを考えさせるという冷静な態度をとらないと、部下の動機付けや問題解決をうまく行うことができません。場合によっては、まさに上司自身に問題があるにもかかわらず、上司の自己奉仕バイアスでそれを見逃している可能性もあります。相手や自分の「視点・視界」を意識することが重要です。

事例で確認

自己奉仕バイアスは、交渉がなかなか妥結に至らなくなる一因にもなります。実際、ある調査によれば、トラブルが生じて損害賠償が発生した際、損害を受けた側は、損害額を過大に評価する一方で、損害を与えてしまった側は、その損害額を低めに見積もるという傾向が明確に観察されるとされます。どの程度の乖離が生まれるかは状況にもよりますが、場合によっては数倍の乖離が生まれることも珍しくありません。

損害賠償のようなケースでは、もともと当事者が想定している妥結額に乖離があって交渉がまとまりにくい上に、交渉プロセスの中で、往々にして感情的なしこりが生まれることがあります。冷静に歩み寄れば妥結しうる案件でも、そうした感情的なもつれが生まれる結果、交渉ではまとまらず、裁判にまでもつれ込んでしまうケースも少なくないのです。

図表39-2 成長を阻害する自己奉仕バイアス

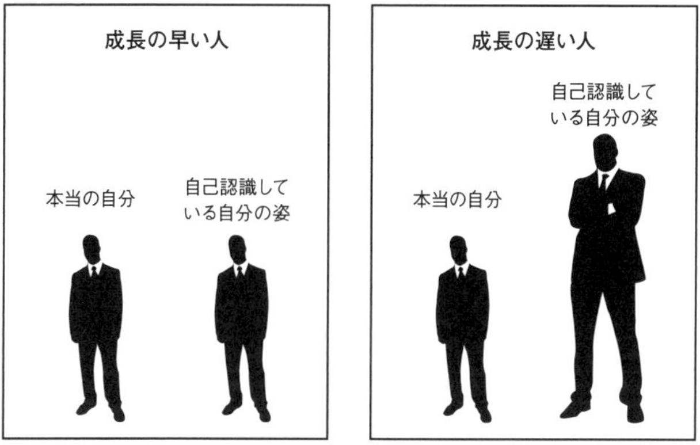

コツ・留意点

1 自己奉仕バイアスは、自己高揚バイアスとも強い関連があるとされています。自己高揚バイアスとは、自分自身の能力を、実際よりも高めに評価してしまうというバイアスです。ある研究では、多くの人間は、車の運転技術に関して、実際の技術よりも上だと感じがちなことが指摘されています。これは企業におけるパフォーマンスも同様です。360度評価などを行うと、自己評価が他者からの評価を上回る人が多くなるという傾向が見られます。一般に、成長の早い人間は、こうした自己評価が正確にできるものですが、多くの人間はそうではありません。言い方を変えると、自己奉仕バイアスや自己高揚バイアスは、ビジネスパーソンが正しく能力開発を行う上で大敵となる可能性があるのです（図表39-2）。

2 自己奉仕バイアスは極めて根源的な人間のバイアスであるため、そこから脱却するのは容易ではありません。むしろ完全な回避は不可能と考える方が現実的です。ポイントは、そうしたバイアスが働くことを理解した上で、相手や自分から見えている風景を意識することと言えるでしょう。

40 ハロー効果

特定の項目や要素に関する評価が、全体の評価に影響を及ぼすこと。後光効果とも言う。心理学者エドワード・ソーンダイクが命名した。

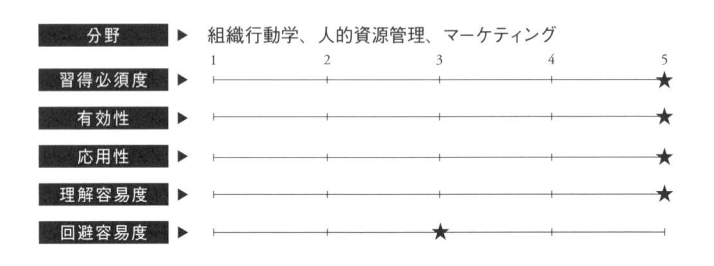

分野 ▶ 組織行動学、人的資源管理、マーケティング

	1	2	3	4	5
習得必須度 ▶					★
有効性 ▶					★
応用性 ▶					★
理解容易度 ▶					★
回避容易度 ▶			★		

基礎を学ぶ

活用／意識すべき場面

- 人事考課の際に正しい評価ができているかを再確認する
- 採用の場面などで、正しい人物評価ができているかを再確認する
- 外部企業とパートナーシップを組む際に、目的に照らした効果が本当に得られるのかを確認する
- マーケティングにおいて広告に活用する

考え方

ハローとは、「後光が差す」というフレーズに用いられる後光のことです。その後光の影響により、本来対象とすべき事柄や人物の評価が歪んでしまうのがハロー効果です。

ハロー効果が生じる原因としては、まず、人間の脳がそこまで精緻にはできていないということがあります。人間の脳は、さまざまな情報を処理するという負荷の中で、情報を錯綜させて覚えたり解釈したりするのです。食事をしながら商談をすると、そうでない場

図表40-1 ハロー効果

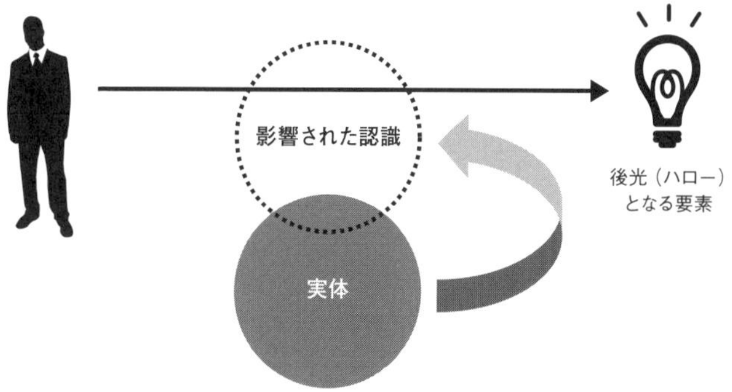

合に比べて話が弾むのも、食事の気持ち良さと相手に対する印象が混乱されてしまうことがその要因です。

もう1つは、人間の掘り下げて考えることをさぼってしまう性向が挙げられます。179ページで述べたステレオタイプと同様、多くの人間は思考をショートカットすることで効率化を図るのです。

ハロー効果が最も顕著に表れやすいのは人物評価のシーンです。例えば、スポーツで一流の成績を残した美男美女に対して、多くの人は「この人はビジネスでも成功するだろう」という評価を下しがちです。本来、スポーツの成績や容姿はダイレクトにはビジネスとは結びつかないはずなのですが、人間の脳はそれを混乱して似たようなこととして判断してしまうのです。これは、162ページでも触れた「好意」の要素とも絡む話です。

あるいは、いつも大声で元気がいいAさんと、小声で地味なBさんの2人がいたとします。大声や元気も、本来は業績そのものとダイレクトに結びつくわけではないのですが、評価者は、元気で大声のAさんを「仕事をしている」、小声で地味なBさんを「仕事をしていない」などと判断してしまうのです。この傾向は、評価者が被評価者と接する時間が短くなるほど強くなります。

ハロー効果はマーケティングにも活用されています（これも「好意」と大きく関連します）。企業が多額の契約金を払ってでも好感度の高い有名タレントを用いるのは、知名度を上げたいということに止まらず、ハロー効果によって製品や企業のイメージを上げたいという狙いがあるためです。だからこそ、不祥事を起こしたタレントは「不祥事＝信用できない」という連想を避けるために広告には用いられないのです。

事例で確認

多角化の際にハロー効果が働いたのではないかと言われているのがソニーグループです。ソニーはもともとは日本を代表する先進的なエレクトロニクスメーカーでしたが、現在は業容を拡大し、ソニー生命保険やソニー銀行といった金融業や、音楽、映画、ゲームなどのエンターテインメントビジネスを広く展開しています。近年ではむしろ金融とエンターテインメントが稼ぎ頭で、エレクトロニクスは苦戦中というのが現状です。

さて、エンターテインメントに関してはまだしもソフトとハードのシナジーが効きますが、ソニー生命（ソニーにとっては初の金融事業）となると、本体のエレクトロニクスビジネスとのシナジーはあまり効かないはずです。それにもかかわらずソニー生命が成功を収めることができた背景には、ソニーブランドの安心感のみならず、「ソニーならば何か革新的な要素があるのではないか」と、人々がソニーの革新的な電化製品と関連付けて印象を持ったことが一つの理由としてあったのではないかと言われています。

図表40-2 ソニー生命のハロー効果

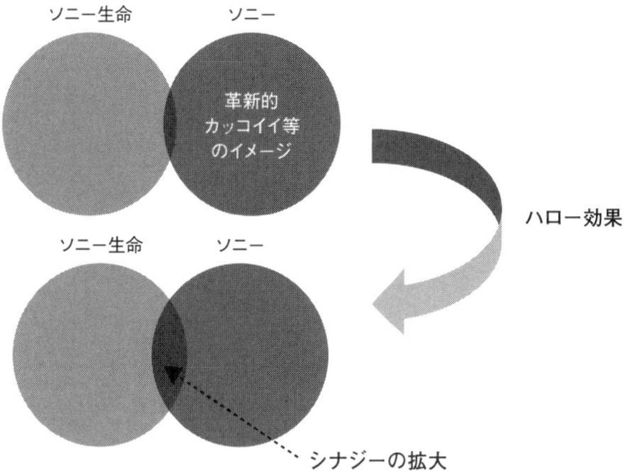

コツ・留意点

1 ハロー効果は意図せず生じる場合もありますが、それが生じるように意図されることも当然あります。例えば中途採用の面接で、「好きな歴史上の人物は織田信長と坂本竜馬です」と話す人間がいたとしましょう。慣れていない面接者であれば、「この人は革新的なことが好きで（得意で）、常識にとらわれない発想をするのではないか」と期待を持つのではないでしょうか。さらに、好きなビジネスパーソンとして起業家の名前が挙げられれば、ますますその傾向は強まるでしょう。しかしこれは面接のためのテクニックである場合もあるのです。特に短い時間の面接などではちょっとした印象が結果を大きく左右することがあります。下記の2とも連関しますが、大事な場面ほど、ハロー効果に惑わされていないか注意することが望まれます。

2 ハロー効果を逃れる1つの方法として、本当に自分が重視するポイントを紙に書き出し、そのポイントにフォーカスして愚直に情報を集め、判断を下すという方法があります。手間暇がかかるため毎回使える方法ではありませんが、重要な意思決定（例：就職や結婚など）を下す場合には有効です。

41 フレーミング

枠（フレーム）の与えられ方によって、本質的には同じことであっても、ものの見方が特定の方向に誘導されるバイアス。

分野 ▶ 組織行動学、マーケティング、ネゴシエーション

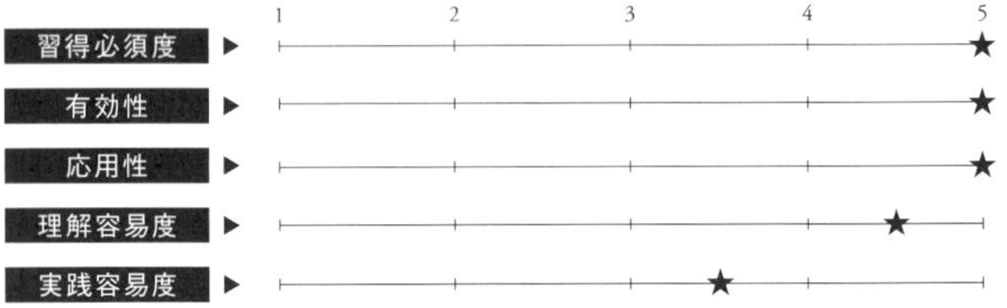

基礎を学ぶ

活用／意識すべき場面

- 部下の満足度やモチベーションを高めるような指示の仕方をする
- 交渉やセールスのテクニックとして利用する
- マーケティングの値付けなどに活用する
- リフレーミングにより問題を捉え直す

考え方

人はさまざまな枠の中で物事を考えます。そして、その枠によって、意思決定が変わってきたり、その意思決定に関する満足度が変わってくるという現象が見られます。

よく用いられている例として、コップに半分入った水の話があります。横に空のコップを置けば、それを基準に「水が半分も入っている」と印象付けることが可能です。逆に、水が満たされたコップを横に置けば「半分しかない」と考える人が増えるでしょう。半分水の入ったコップそのものは変わらないのに、見せ方という枠を変

図表41-1 フレーミングの例

本質的にすべて同じことを言っているが、受け取り方は大きく変わる

A「定価2,800円（税別）」
B「定価3,080円（税込）」（注：消費税10%の場合）

A「打率3割」
B「10回バットを振って7回は凡退」

A「定価4,500円の商品を20%割引」
B「定価4,500円の商品を900円割引」

A「定価20,000円のところ、10,000円でOKです」
B「（唐突に）10,000円でOKです」

A「この製品の製造原価は100万円だ。それ以上で売ってくれれば、君は会社に利益をもたらすことになる」
B「この製品の希望販売価格は200万円だ。それ以下で売るということは、とれるはずだった利益をみすみす逃すことを意味する」

えることで別の印象を持たせているわけです。

フレーミングは、マーケティングやネゴシエーション、部下の動機付けなどでもよく使われるテクニックです。例えば、**図表41-1**に示したそれぞれの例は基本的に同じことを言っています。しかし、その枠を変えたことで、与える印象は大きく変わっており、購買行動やモチベーションが変わってきてしまうのです。

フレーミングの代表的な使い分け方法としては、

- 「数量で示す」対「比率で示す」
- 「大きなスパンで示す」対「小さなスパンで示す」
- 「端数まで示す」対「きりのよい大まかな数字で示す」
- 「プラスの方向で示す」対「マイナスの方向で示す」
- 「利益を得る方向で示す」対「損失を防ぐ方向で示す」

などがあります。

特に管理職が部下を動機づける際などには、上記の中でもプラスのフレーミングや利益を得る方向のフレーミングが有効とされています。

例えばスポーツチームの監督が選手を鼓舞するのであれば、「勝って当然」と言ってプレッシャーを与えるよりも、「ここまで来ただけでもラッキー。駄目でもともとだから楽しんでやれ」と言う方が、プレッシャーに弱いとされている日本人には有効かもしれません。

あるいは、「残念ながらあなたの年俸を700万円から650万円に下げなくてはならない。あなたのパフォーマンスが現在の年俸に見合わないからです」と言うよりは、「あなたの現在のパフォーマンスは600万円相当というのがマネジメントの見解です。しかし、我々はあえてあなたに650万円をオファーします」と言う方が、部下の満足度を高められる可能性が高いでしょう。

なお、それまでのフレームを変え、好ましい結果が出るように枠付けしなおすことをリフレーミングと言います。これは問題解決などでもよく用いられる手法です。

事例で確認

リフレーミングで問題を捉えなおした例に、アフリカなどのBOP（最貧困層）市場の開拓があります。

つい最近まで、多くの企業にとってBOPは貧しく購買力のない市場でした。また、政情なども不安で、クーデターなどもしばしば起こりますし、賄賂の文化も強く根付いている国が多数です。こうした側面を捉えると、BOPは市場性も乏しいし、ビジネスがしにくいから優先順位は下げようという結論になるのも当然です。

一方で、BOPは若年人口も多く、伸び代のある市場でもあります。そうした中、企業は、BOP市場を「成長のボトルネックさえ解消できれば未開かつ大きな市場である」と捉え直し、そのボトルネックの解消に果敢にチャレンジすることに取り組み始めたのです。

図表41-2 アンカリング

売り手のアンカー（最初の提示額）が買い手の落とし所推定に与える影響

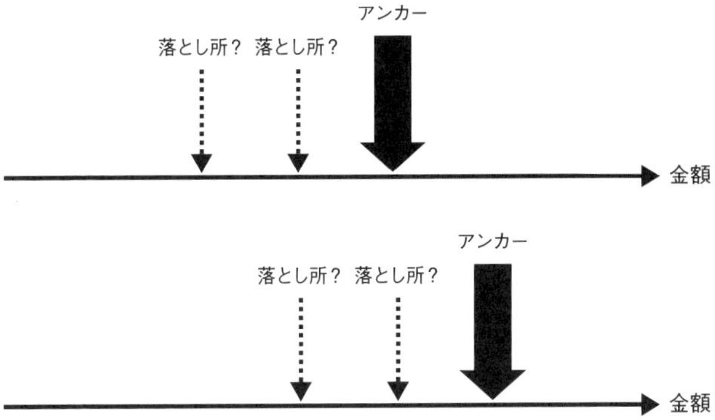

コツ・留意点

1 フレーミングの中でも、特にネゴシエーションの分野で重要な要素の1つにアンカー（アンカリング）があります（図表41-2）。これは、最初に相手に提示する条件のことです。交渉相手はそのアンカーを参考に落とし所となる妥結点を探るものです（アンカーはもともと船の碇の意味です）。実験によれば、買い手の立場に立った際には、最初に高値のアンカーを提示された方が、より高値で妥結することが示されています。アンカーのフレーミング効果を示す結果と言えるでしょう。一方で、売り手の立場からすると、あまりに高すぎるアンカーは、買い手の交渉意欲を削ぐリスクももたらします。100万円で売れれば御の字と思っている商品について、いきなり500万円といった額を提示するパターンです。そうしたバランスを考えた上で、適切なアンカーを示すことが必要です。

2 フレーミングは、明示的に示した言葉以外の部分からも伝わるため、注意が必要です。たとえば、暗い顔や声のトーンで明るい話を語っても、相手はその非言語メッセージに影響されますから、「実はこの明るい話は、危うい前提に基づいたものではないか」といった推理を働かせてしまうのです。

42 サンクコストへの拘り

サンクコストはすでに発生してしまったコスト。日本語では埋没原価、埋没コストなどという。本来は将来の意思決定に影響を与えないはずであるが、多くの人間がサンクコストに拘って誤った意思決定をしてしまうことが多い。

分野 ▶ 組織行動学、ファイナンス、ネゴシエーション

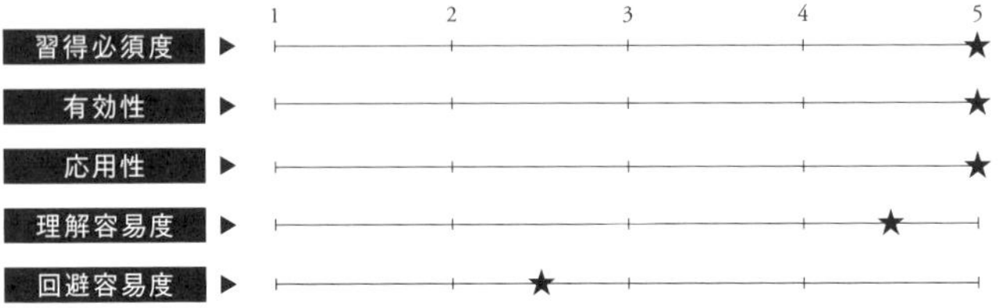

基礎を学ぶ

活用／意識すべき場面

- 事業経済性の側面から正しい意思決定を行う
- 交渉やセールスのテクニックとして利用する

考え方

サンクコストとは、すでに発生してしまい（あるいは減価償却費のように発生することが確実になっており）、将来の意思決定には本来関係のないコストです。なぜなら、将来に向けてどのような意思決定をしようが変化しようがないからです。しかし人間は、このサンクコストを将来の意思決定の根拠に含めてしまい、非合理的な判断をすることが多いのです。

サンクコストによる誤った意思決定を、「コンコルドの錯誤」とも呼びます。そう呼ばれるのは、かつて就航していた人類初の超音速旅客機コンコルドが、まさにこの罠に落ちたからです。

コンコルドは、計画の比較的初期の段階から採算をとることはで

図表42-1 サンクコスト

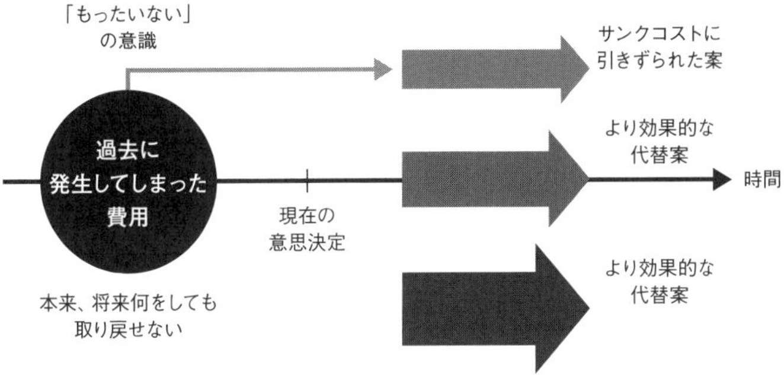

きないであろうことが予見されていました。それにもかかわらず関係者は、「ここまで開発費をかけたものをいまさら止めるわけにはいかない」と事業を続け、結局採算ライン250台のところ、わずか数十台の生産に留まり、ついには十数年の歴史に幕を下ろしたのです。

こうした錯誤は多くの公共事業で見られます。「ここまで予算を使って途中まで作ったものをいまさら止めたら大損だ」というロジックです。しかし、完成させる必然性が低く、止めた方が得と判断したのであれば、本来はそこで止めるのが正解なのです。

公共事業のケースでそうした合理的な判断が働かない背景には、サンクコストへの拘りに加え、①責任者が曖昧である、②期間が長く、タイミングを逸するとますますサンクコストが膨らむ、③複雑に絡み合う利権構造が出来上がってしまい既得権益層が反対に回る、といった悩ましい要素もあります。

公共事業ほど極端ではなくとも、企業の中でも類似の事例は必ず生じているものです。

サンクコストは、交渉やセールスの際のテクニックとして使うことも可能です。「ここまで努力したのだから、今やめると損をしますよ」といったセールストークがその典型です。相手に、過去の自分の行動や投資、時間を「もったいない」と思わせる点がポイントです。

ただし、これは無意識に勧める分には比較的罪も小さいのですが、サンクコストの概念を知った上でそのようなセールストークをするとしたら、それは欺瞞と言われても仕方ありません。また、相手が「それはもうサンクコストだから」と合理的に拒絶しているにもかかわらず、そうしたセールストークを行うことは、自身のビジネス常識のなさを知らしめることにもなります。サンクコストは人々に訴求する要素ではありますが、安易には用いない方が賢明と言えるでしょう。

事例で確認

サンクコストにこだわって失敗した企業の例にかつてのロッキード社の民間機「トライスター」の開発があります。コンコルドの事例と同様、早い段階で採算をとることは難しいとの判断がありましたが、それまでに10億ドル（当時のレートで3600億円）を投じたプロジェクトを止めるのは社内的に難しく、結局ロッキード社は開発を続けました。

コンコルドの例と大きく異なったのは、ロッキード社は、未来のリターンを確保すべく、国家元首クラスの政治家も巻き込んでかなり強引ともいえるロビー活動や営業活動を行ったことです。1970年代前半のことです。それが、1975年の田中角栄元総理大臣の逮捕という一大スキャンダルに発展していったのです。

図表42-2 キャッシュフロー経営による判断ではサンクコストを考慮しない

将来のフリーキャッシュフローを見積もり、NPV（正味現在価値）を求め、プロジェクトのGO／NO GOを決める

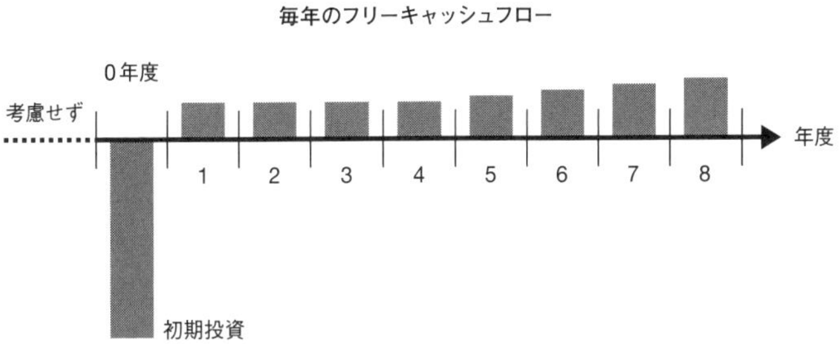

コツ・留意点

1　近年、我が国にも根付きつつあるキャッシュフロー経営では、プロジェクトの経済性を判断する際などにサンクコストを考慮しないのは常識となっています（図表42-2）。そうした常識がさらに浸透してくればサンクコストの罠は減っていく可能性があります。一方で、経営大学院でファイナンスを学び、そうした常識を身につけているはずの人間ですら、しばしばサンクコストに判断をゆがめられることがあります。それだけ、「過去に使ったコストや手間暇がもったいない」という意識は、人間の判断に大きな影響を与えるのです。

2　サンクコストは、それによって将来に向けて間違った意思決定を導くことが問題なのであり、過去にかけたお金や手間暇そのものが問題ではないことには注意が必要です。もちろん、杜撰な見積もりや非現実的な前提、あるいは無駄の多いオペレーションなどによってコストが膨らんだのであれば、そこは当然追及されるべきです。しかし、当時としては適正な判断に基づいた投資だったのであれば、いたずらにそれを蒸し返すことはかえって組織の中に軋轢を生むことにつながりかねません。

43 プロスペクト理論

人間は仮に同じ期待値であっても、利益が確実に手に入る方を好むという行動経済学の理論。ノーベル経済学賞を受賞したダニエル・カーネマンらによって提唱された。

分野 ▶ 組織行動学、ファイナンス

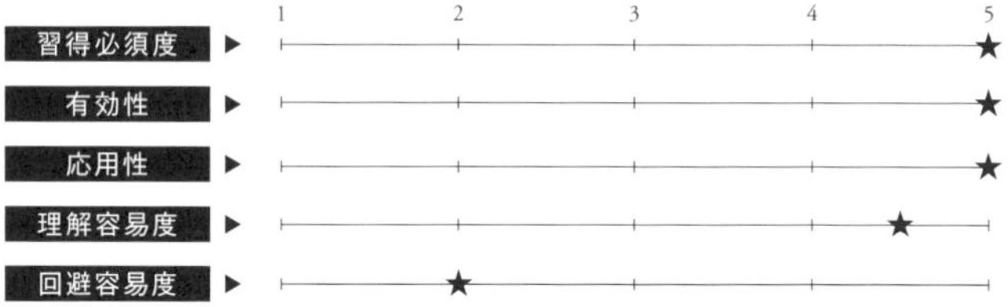

基礎を学ぶ

活用／意識すべき場面

- 何か新しい試みをする際に人々の行動を予測する
- その予測を踏まえた上で、いかに彼らを説得するか、その方針を検討する

考え方

プロスペクト理論は実際にはより広範な範囲を含む理論体系ですが、ここではその中でも最もビジネスパーソンが理解しておくべき、不確実性に対する人々の行動について解説します。

以下のような実験を考えます。

①無条件で 1000 万円を得ることができる
②コインを投げて表が出れば 2000 万円を得ることができるが、裏が出れば何も得られない

図表43-1 プロスペクト理論

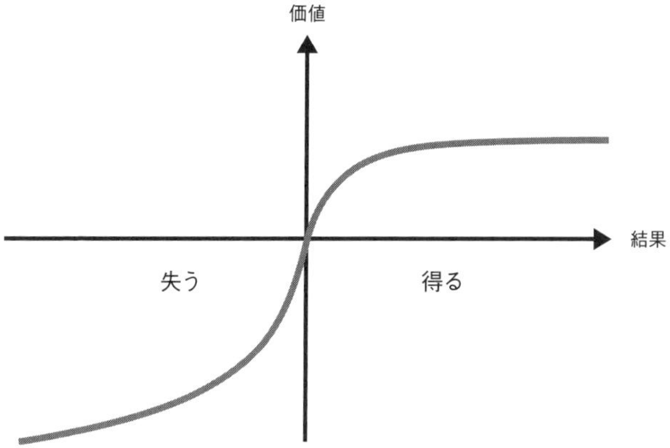

みなさんはどちらを選ぶでしょうか？　おそらく圧倒的多数の人は①を選ぶはずです。期待値を計算すると両方1000万円という値が出ますが、人は不確実性を嫌い、確実なものにより高い価値を感じるのです。

では、以下の例ではいかがでしょう。

①無条件で1000万円を得ることができる
②コインを投げて表が出れば3000万円を得ることができるが、裏が出れば何も得られない

今度は明らかに②の方が期待値が高いですから、数学的な計算に基づいて合理的な判断をするなら②を選ぶ人が多くなるはずです。しかし、筆者が実験的にアンケートをとった結果では、ほぼ9割以上の人が①を選びます。

ここから言えるのは、価値は金額に比例しないということです。

つまり、コインで勝った時の金額は3000万円と増えても、人が感じる価値は確実な1000万円の3倍にはならないということです。感覚値としては1.5倍くらいでしょうか。そのため、確実な1を不確実な0.75（(0＋1.5)÷2）よりも好むのです。

さらに条件を変えてみましょう。

①無条件で100万円を得ることができる

②コインを投げて表が出れば300万円を得ることができるが、裏が出れば何も得られない

いずれも先の例の10分の1の額になりましたが、基本構造は同じです。しかしこのケースでは、①を選ぶ人が減り、②を選ぶ人が2〜3割に増えます。100万円と300万円の価値の感覚値の差よりも、1000万円と3000万円の価値の感覚値の差の方が小さいことが示唆されます。図表43-1の第1象限において、曲線の傾きが徐々に小さくなっていくのはこのためです。

事例で確認

プロスペクト理論は、組織変革において人々がなかなか変わろうとしないことを説明する上でも有効です。たとえば、なにか変革を起こして得られることの期待値が金銭価値に換算して1500万円だとすると、人はそれよりも何も変えずに得られる確実な（実際には確実ではないのですが、既存の延長にあるためここでは確度が高いものと想定すると考えます）1000万円よりも高くても、人はその1500万円にあまり価値を感じないのです。

変革リーダーは、こうした人々の価値の見積もりを的確に想定した上で、彼らを説得しなくてはならないのです。

図表43-2 マイナスを回避する行動

当初の選択肢

①無条件で1000万円を得ることができる
②コインを投げて表が出れば2000万円を得ることができるが、裏が出れば何も得られない

＋

新しい条件

あなたは現在、1500万円の借金を抱えている

↓

①と②の選好が逆転する
⇒人はマイナスの状況を嫌う

コツ・留意点

1 本文中では主に得られるメリットに関して説明しましたが、プロスペクト理論のもう1つの側面として、損失に関しては、人は損失そのものを回避する行動をとるという点があります。つまり、利益に関しては、それを失う可能性のある不確実性を嫌うのに対して、損失に関しては、損失を被ることを回避するのです。それを表したのが図表43-2です。基本構造は本文中の事例と同じなのですが、借金というマイナスを抱えている人は、それが残ってしまう可能性を嫌うのです。

2 上記のポイントは、会社が明らかにマイナスの状況にあると、人はよりアグレッシブな行動をとることを示唆します。例えば、そのままやっていては明らかに会社が倒産するような場合には、人々はそのマイナスを回避するため、積極的に動きます。一方で、会社が特段の危機に瀕していないのであれば、人は確実に得られると彼らが考えるメリットを失うことを恐れるのです。これは直感的にも理解できるでしょう。なまじ黒字が出ており、危機感が薄い会社を変革することの難しさがここからも想像されます。

44 現状維持バイアスと授かり効果

現状維持バイアスは、現状のままに止まるのが楽だろうと感じる人間の性向。授かり効果は、あるものを得るときよりも手放すときに価値を過大に感じてしまうというバイアスを指す。

分野 ▶ 組織行動学、ネゴシエーション

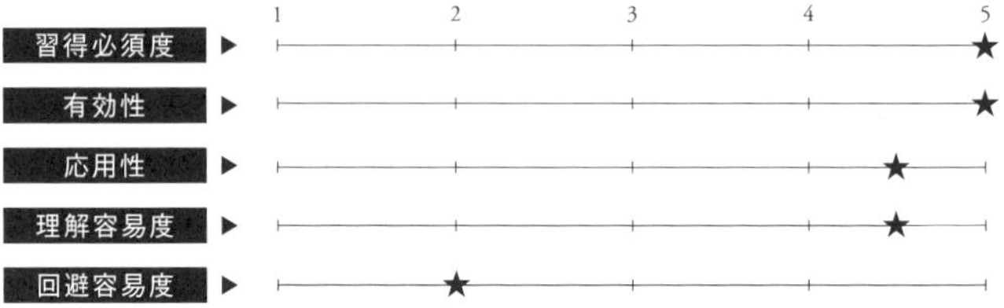

基礎を学ぶ

活用／意識すべき場面

- 組織変革の場面で、抵抗勢力が反対する根拠を知り、それを緩和するためのヒントを得る
- 交渉のテクニックとして活用する

考え方

現状維持バイアスは、何とかして変えなくてはならない、という強い動機がない場合に、「まあ、今のままでいいか」と考えてしまうバイアスです。往々にして、企業においては、変革を妨げるバイアスになります。

「授かり効果」（Endowment effect。保有効果とも言います）は、自分がすでに持っているものを高く評価し、それを失うことによる損失を強く意識しすぎて、手放したくないと考える傾向です。交渉術などの教科書では必ず出てくる概念です。現状維持バイアスを生じさせる要因ともなります。

図表44-1 現状維持バイアス

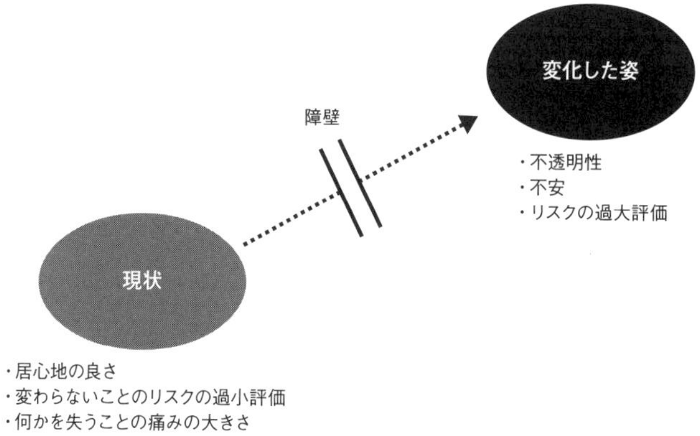

卑近な例で授かり効果が表れるのは、モノを捨てられず、溜めこんで部屋が窮屈になってしまうというケースです。何年も読まない書籍や、数年着ていない洋服などは、本来さっさと「断捨離」して捨ててしまう方がはるかにメリットは大きいはずです。しかし、「捨てられない人」は、それを手放す損失を過大評価して、いつまでも手元に置いてしまうのです。

さて、一般に人間は、現状維持を好むものです。変化に対する漠然とした恐れや、今持っている地位や特権を失うことに対する過剰な恐れ、あるいは、現状維持にはリスクはないが、変化にはリスクがあると錯覚する結果生じる現象と言えるでしょう（本来、変化に合わせることの方がリスクが低いはずですが、人間は何もせず、過去の成功パターンや行動を踏襲することがリスクが低いと考えがちなのです）。

授かり効果については、研究にもよりますが、あるものを手放す代償として受け取りを望む最小値（受け取り意思額）は、それを手に入れるために支払ってもいいと考える最大の値（支払い意思額）の約4倍から7倍程度、つまり、同じものであっても、手放す際は手に入れる際の4倍から7倍の価値を感じるとされています（この数字は論文によって多少変化します）。それだけ人間は、不確実な未来のものより、確実な手元のものを好むのです。

損失回避（Loss averse）も現状維持バイアスや授かり効果と連関して言及されるバイアスです。これは、不確実性のある時、人間は、ある金額のものを得る喜びよりも、同じ金額のものを失う悲しみをより強く感じるというものです（203ページのプロスペクト理論の図表43-1も参照）。

こうした人間の性向やバイアスが大きな意味を持つのは、やはり変革時においてです。不確実性を伴わない変革はあり得ません。多くの人は、変革がうまくいった時に得られる喜びより、ちょっとでも悪くなった時に感じるであろう悲しみや不快を意識してしまって動きがとれないのです。これらを認識しつつ、人々の意識を変えていくことこそが、変革推進者には求められています。

事例で確認

国際社会で授かりバイアスが効く典型的な例が、既得権益を維持しようとして起こる紛争です。例えば、日本が第二次世界大戦に踏み込んでいった一因に、傀儡国家であった満州国が国際的には認められなかったという事実があります。

日本にとっては苦労して作り上げた国であり、それを失う痛みは、当時の国際情勢と相まって、非常に大きなものがありました。満州国を維持することは、国際社会の反発を考えれば非常に大きなリスクであったにもかかわらず、日本はそのまま維持する方が得と考え、それが連合国との戦争の原因にもなっていったのです。

図表44-2 授かり効果

人は、あるモノや事柄を得るときの4～7倍程度の痛みを失う時に感じる

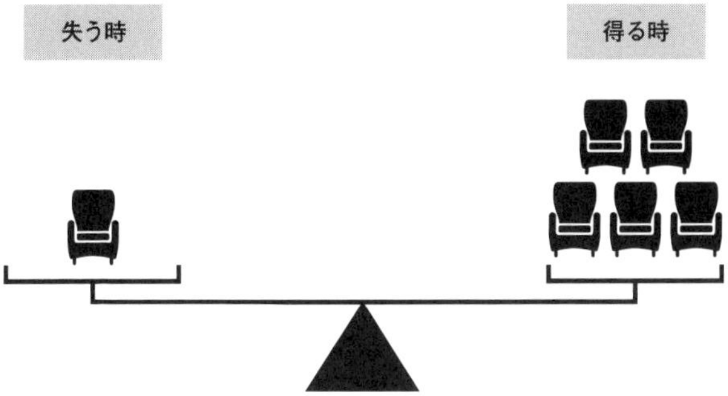

コツ・留意点

1 本文中にも触れたように、現状維持バイアスや授かり効果が原因となって、いざ会社で変革が必要という場合にも、抵抗勢力が生まれ、変革の邪魔をします。特に、既存の環境の中で利益を享受しており、個人的な事情もあって（例：住宅ローンや子どもの教育費用など）失うことを過剰に恐れるシニア層は、強い授かり効果を受けますから、その思考を変えるには多大なエネルギーを必要とします。変革の推進者は、変化はそれほどリスクが大きくはないこと（むしろリスクが小さいこと）、変わらないことのデメリットが大きいことなどをしっかりと説くことで、こうした抵抗勢力を説得・懐柔していく必要があるのです。

2 心理学者のトム・スタッフォード氏らは、授かり効果への対処方法として、「この品物や地位をどれくらい大切に思うか」ではなく、「この品物や地位を所有していないとしたら、手に入れるためにいくら支払うか」と考えるべきと提唱しています。「失う」という側面よりも、「手に入れる」という側面に注目すべきという考え方です。これは、196ページで解説したリフレーミングにより問題を捉える視点を変える方法論とも言えます。

45 初頭効果と終末効果

人間は最初と最後の印象に大きく左右されるというバイアス。終末効果は親近効果とも言う。

分野 ▶ クリティカル・シンキング、マーケティング

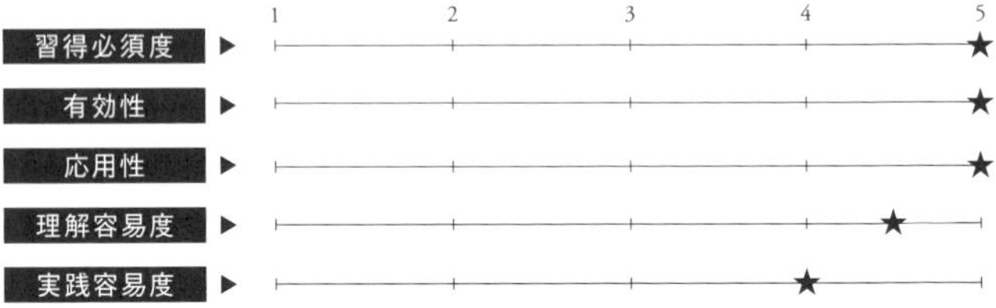

基礎を学ぶ

活用／意識すべき場面

- 商談や面接などで相手に好印象を与える
- プレゼンテーションや講演の設計に活かす
- サービスに応用することで顧客満足度を上げる
- マーケティングの顧客アプローチに応用する
- エンターテインメントの設計に活かす

考え方

人間は一連のプロセスすべてを均等に見て判断するわけではありません。通常は、最初と最後の印象に強く引っ張られます。これがそれぞれ、初頭効果と終末効果です。

まず、初頭効果ですが、これは特に面接などで重要になります。最初に強烈な印象を残すことで、その後の面接の印象を左右しようとするわけです。映画で最初に面白いエピソードを持ってきたり(例：かつての「007」シリーズ)、音楽で最初にサビの部分をいきな

図表45-1 初頭効果と終末効果

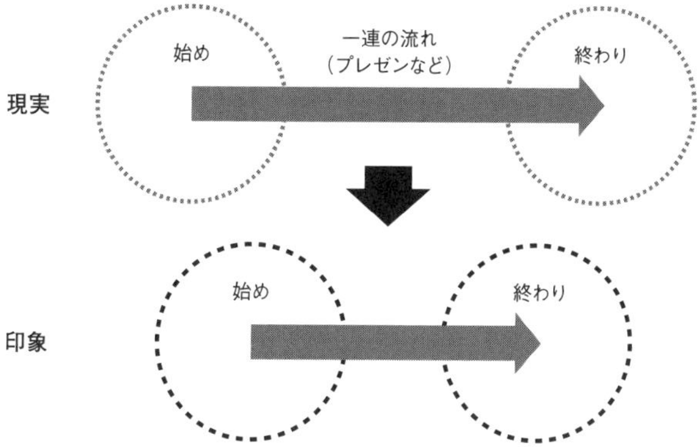

り展開するのもこうした効果を狙ったものです。

こうした場面以外にも「第一印象が重要」ということがよく言われますが、これも初頭効果で自分を良く見せるテクニックと同根と言えるでしょう。初頭効果は、194ページで説明したフレーミングや197ページで説明したアンカリングと同じ効果を持つのです。その枠やアンカーに、最後まで人は引っ張られてしまうのです。

マーケティングやプレゼンテーションなどでも初頭効果は用いられますが、それが特に重要になるのは、顧客や聞き手を物理的に拘束できないケースです。もし最後まで拘束できるのであれば、あえて冒頭部分に拘らなくても、全体の流れの中で伝えたいメッセージを届けることは不可能ではありません。

しかし、多くのケースでは、顧客や聴衆は拘束できません。最初の部分を見聞きして関心がないと判断すると、彼らは離れていってしまいます。それを防ぐためにも、冒頭で印象付けることは非常に重要なのです。

一方、終末効果は、「終わりよければすべて良し」的なアプローチと言えます。高級旅館などでは、顧客が帰る際にスタッフが総出でお見送りをするというケースがありますが、それはこうした効果を狙ったものです。

筆者も携わる仕事ですが、講演や講義などで最後に印象的な言葉を投げかけ、聴衆や受講生に高揚感を感じていただくのも、狙いは同じです。こうしたケースでは相手を最後まで拘束できるケースが多いですから、出だしだけでなく最終的な印象が重要なのです。

演劇の舞台でも終末効果は多用されています。映画であれば料金は1800円程度（2016年現在）ですから、途中でつまらないと思われれば退出される可能性があります。しかし、演劇の舞台は通常は映画などよりも高額なので、途中退席のリスクは小さくなります。それゆえ、じっくり舞台を観てもらった上で、最後に印象的なシーンを持ってくるという手法がよりフィットしやすいのです。コンサートのアンコールも、終末効果に繋がります。

事例で確認

初頭効果を特に意識しているのが昨今のメールマガジンなどのWEBへの誘導です。WEBはとにかく開いてもらい、さらに読み進めてもらうことが非常に重要です。そのため、まずは開いてもらえるようなタイトルをつけ、なおかつ冒頭にその先を読み進めたくなるような面白いコンテンツを持ってくる必要性が高いのです。

一般の書籍なども初頭効果は大事です。これは、買ってもらった後よりも、買ってもらう前を意識してのことです。通常、読者は前書きや第1章の導入部分を参考にして購買することが多いので、そこにエネルギーを割き、読みたいと思ってもらうわけです。

図表45-2 それぞれが有効な典型的ケース

初頭効果	終末効果
・最後まで聴衆の拘束が保証されていないプレゼンテーション	・最後まで聴衆の拘束が保証されているプレゼンテーション
・セールスパーソンのトーク	・すでに関心が高い相手とのコミュニケーション
・まだ関心が低い相手とのコミュニケーション	・リピートを促したいハイタッチサービス
・メールマガジン	・ショートショート小説
・書籍	・高額のエンターテインメント
・テレビ番組	・コンサート

コツ・留意点

1 初頭効果と終末効果は相容れないものではなく、両方が併用されることも少なくありません。事実、ある著名な講演者は最初と最後にエネルギーの半分以上を使うと言われています。一方で、本文中にも示したように、それぞれがより効果的なシーンも存在します。興味や関心が小さい相手の場合には、それを喚起することが非常に重要になりますから、初頭効果を意識するのが効果的です。一方、すでに十分に興味・関心を持っている相手であれば、徐々に盛り上げ、最後に印象深い言葉やスライドで締めくくると印象に残りやすく効果的です。もちろん、これは一般論なので、常に該当するとは限りません。状況を見ながらどちらも使えるように柔軟性を持たせた準備をすることがプレゼンテーションなどでは重要です。

2 ダニエル・カーネマンらは、人間は最後の印象に加え、途中の最大の印象（ピーク）に大きく左右されるというピーク・エンド効果を提唱しています。楽しさや悲しさといったものの印象が、総量ではなく、ピークと最後を基準に、他の経験と比較されやすいという点がポイントです。

46 メラビアンの法則

矛盾した言語的・非言語的メッセージが発せられたときに、人が何に影響されるかを示す法則。アルバート・メラビアンが提唱。近年では、転じて、プレゼンテーションなどで相手に影響を与える要素の法則として知られるようになった。

分野 ▶ クリティカル・シンキング

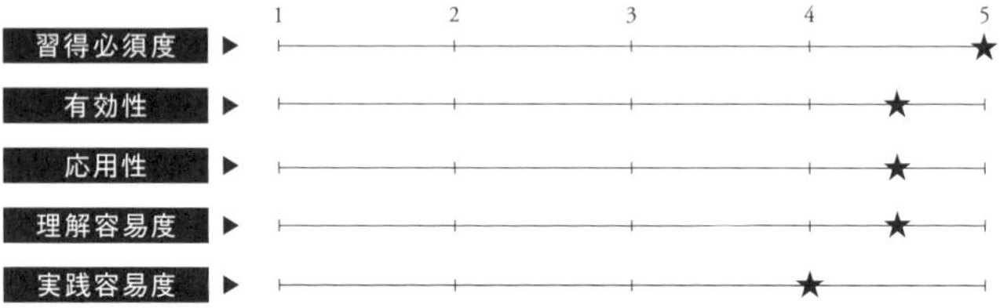

基礎を学ぶ

活用／意識すべき場面

- プレゼンテーションやセールスに活かす
- 自分が本当に内容そのものを正しく判断しているのか、そのチェックに用いる

考え方

メラビアンの法則は、本来は、矛盾した言語的・非言語的メッセージが発せられたときに、人が何に影響されるかを示すものです。視覚（Visual）が55%、聴覚（Vocal）が38%、言語で伝えられる内容そのもの（Verbal）が7%というのがその比率になります。

ただし、この法則は、「最も誤解されている法則」とも言われるように、一般にはプレゼンテーションや初対面の人間に対する印象付け全般に応用可能な法則として理解されています。つまり、プレゼンテーションや自己紹介の効果は、話した内容以上に、自信ありげな見た目の態度や声のトーンなどに影響されるというように解釈

図表46-1 メラビアンの法則

互いに矛盾するメッセージを受け取った時、人は何に影響されるか？

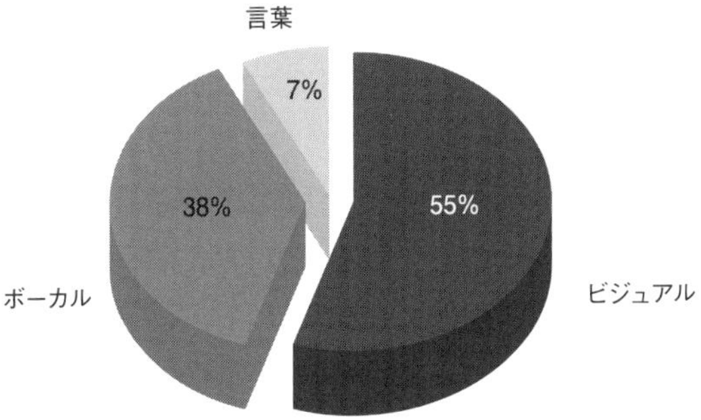

されているのです。

もともとメラビアンが行った実験は以下のようなものです。まず、「好意的」「中立的」「嫌悪的」のニュアンスを持つ言葉を選び、それらを「好意的」「中立的」「嫌悪的」の声のトーンでテープレコーダーに録音し、さらに、「好意的」「中立的」「嫌悪的」の表情の顔写真を用意します。その上で、これらを同時に被験者に示したときに、何が最も効くかという実験を行ったのです。例えば、中立的な言葉（例：road）を、好意的な声のトーンで、かつ嫌悪的な写真を見せながら（それぞれが矛盾しているわけです）被験者に印象を聞くと、彼らは見た目に最も影響されたというのがこの実験の結果です。プレゼンテーションや面接といった長時間のコミュニケーションの要素は入っていない、至ってシンプルな実験だったわけです。

ただ、本項では、本来のメラビアンの実験結果は踏まえつつも、経験則としても納得感のある俗説の方を中心に解説していきます。注意していただきたいのは、納得感はあるものの、当初メラビアンが提唱したような、55％：38％：7％という比率は、プレゼンテーションや自己紹介一般には当てはまらないということです。

そうした誤解はあったとはいえ、人が話されている内容以上に見た目や声のトーンに影響されるというのは、読者のみなさんも思い当たる節があるのではないでしょうか。この効果が生じる理由として挙げられるのは、人間の脳の構造です。視覚は一説には人間の五感の処理の80％以上を占めるとも言われています。こうしたこともあって、人間の脳は構造的に視覚を重要な判断基準においてしまうのです（162ページの「好意」も参照）。この傾向は特に、時間が限定されていて判断材料が限定されているときなどに強く働くとされています。

事例で確認

筆者はかつてコンサルティング・ファームに勤務していました。当然、顧客とはさまざまな会議で議論することになります。その中でも、特に中間発表や最終発表は一大イベントでした。

さすがに最終報告では内容はギリギリまで詰め、極力完璧な提案を目指すのですが、途中報告や、その前のミニ報告などでは、必ずしも内容の完成度が高いわけではないことがあります。そこで先輩に言われたのは、「内容が若干完成度が低い時ほど、自信を持った態度で、ゆっくり大きな声で説明するように」というものでした。内容に強い自信がない時に、ビジュアルやボーカルが貧弱だと、それはクライアントに不安を与えますし、自社の信頼にも悪影響を及ぼします。実際、筆者はコンテンツが煮詰まっていない時ほど態度で自信を示そうとしましたが、概ねそれは成功したという実感があります。正確な比率は不明ですが、やはりメラビアンの法則は、俗説的な効果も持ち合わせていることを強く実感する出来事でした。

図表46-2 実際にプレゼンの際に効くビジュアル、ボーカル要素

・自信・熱意・誠実さを込めた態度

・しっかり両足で立つ
・体を揺らさない
・手は胸前
・笑顔
・アイコンタクト（「目力」）

・短いセンテンス
・はっきりした語尾
・変化（スピード・強弱・間）

コツ・留意点

1 時々錯覚される方がいらっしゃいますが、（俗説的な）メラビアンの法則は、プレゼンテーションの中身はたいして重要でないといっているわけではありません。シチュエーションや相手にもよりますが、重要な案件になるほど、やはり内容そのものが重要になってきます。その比率が場面場面によって変わってくることは意識しておきたいものです。また、内容がしっかりしていると、自ずと態度や声にも自信がみなぎってくるという効果もあります。内容が貧弱な時に、自信を持った態度や声のトーンを出せる人間はそれほど多くはありません。やはり、自信のなさは態度や声のトーンにも反映されてしまうのです。内容がしっかりしているからこそ、態度や声のトーンの説得力が増すといったように理解しておく方が、多くの人にとっては効果的かつ実践的と言えるでしょう。

2 プレゼンテーションの聞き手としては、やはり相手の話している内容そのものの妥当性を正しく把握することが大事です。結局相手が伝えたいことは何で、その根拠の妥当性が正しいかを的確に判断する冷静さが重要です。

47 SUCCESsの法則

人々の記憶に残り、思考に影響を及ぼすようなメッセージに共通する要素に関する法則。ハース兄弟が提唱した。

分野 ▶ 組織行動学、クリティカル・シンキング、マーケティング

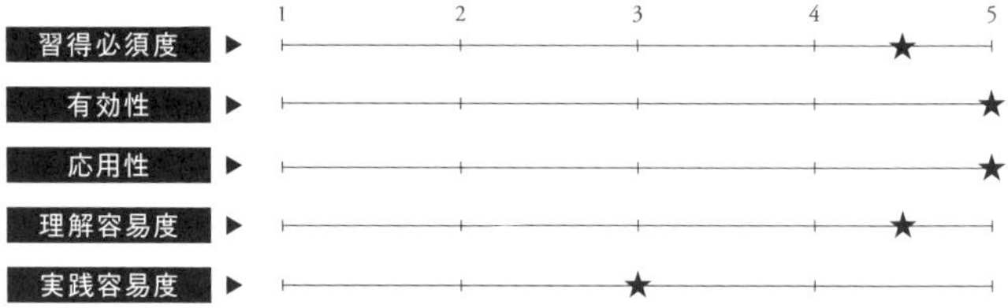

基礎を学ぶ

活用／意識すべき場面

- 部下やパートナー企業など、人々に影響を与えるメッセージを作る際のヒントとする
- 広告表現に活用する
- コンテンツ作成に活用する

考え方

自分が考えていることをそのまま伝えるだけではなかなか人々の記憶に残りませんし、彼らの情動をかき立てることもできません。そこで一定の工夫が必要になってきます。

チップ・ハースとダン・ハースの兄弟は、ジョン・F・ケネディ大統領のスピーチや、都市伝説などを取り上げ、記憶に残る（＝粘りつく）メッセージの特徴を6つのポイントにまとめました。その頭文字を取ったのが、**図表47-1**に示したSUCCEsです。

まず単純明快であること。人間の記憶の容量はそれほど大きくは

図表47-1 SUCCESsの法則

単純明快である	Simple
意外性がある	Unexpected
具体的である	Concrete
信頼性がある	Credentialed
感情に訴える	Emotional
物語性がある	Story

ありませんから（226ページのマジックナンバー4±1も参照）、その限られた容量の中に収まる程度に単純化しなくてはなりません。

次に意外性ですが、これも多くの人が納得できるところでしょう。映画や小説などでも、一番記憶に残るのはその意外性の部分だったというパターンは多いものです。

3つ目は具体的であることです。言いかえれば、抽象的なことには人間はなかなか魅かれないということです。多くの企業がビジョンを作る際に、「○○年までにはアジアNo.1を目指す」など、具体的な期限や数字を入れるのは、人々への印象度を増す狙いもあるのです。

4つ目は信頼性ですが、やはり絵空事では人は引きつけられません。語っている人の実績や実力などとも相まって、「これは信頼できる」という要素がやはり必要です。

5つ目の感情に訴えるは言うまでもないでしょう。人間は論理のみで物事を判断したりはしません。むしろ、まず感情が好き嫌いや、賛同できる／できないなどを判断し、その後に理性やロジックがそれを確認するというパターンが多いのです。人々のモチベーションを高めたりする上で、感情や情動に訴えかけるのは、最も重要な要素と言えるかもしれません。

最後の物語（ストーリー）性も重要な項目です。人は項目の羅列を記憶することは苦手です。ストーリーは、記憶しやすいですし、感情に訴えかけることも容易にします。また、聞き手の想像力やワクワクする気持ちをかき立てることにもつながり、それが人々の内発的動機を喚起することにも繋がるのです。

事例で確認

世界的に有名な演説に、マーティン・ルーサー・キング牧師が1963年に行った「I Have a Dream（私には夢がある）」の演説があります。これは人種差別撤廃を訴求したものですが、この演説はSUCCESsの要素に溢れています（原文や動画はWEBで検索できます）。

「私には○○のような夢がある」を何度も繰り返すのがこの演説の特徴ですが、その伝えたいことは人種差別撤廃がなされた夢の世界を作ろうということで非常に単純明快です。描いている世界も具体的かつ物語的で、記憶に突き刺さるとともに、こうした世界を実現したいという思いに聴衆を駆り立てます。

「I Have a Dream」のパートに先立って、アメリカは本来自由と正義の国であると述べること、またキング牧師自身のカリスマ性もあって、信頼性も担保されています。あえて言えば意外性が若干弱い気もしますが、「夢がある」という表現そのものが意外性とも言えます。

この演説がいまだに良いスピーチのお手本とされるのは、公民権運動というアメリカの歴史上重要な活動におけるイベントだったということもありますが、やはりSUCCESsの要素がしっかり詰まっているからなのです。

図表47-2 印象に残すためのポイント：INFRAN

Interest :	読み手の問題意識や関心にそっている
Something New：	読み手にとっての目新しさがある
Focus :	多くを語りすぎていない。ポイントにフォーカスしている
Rhetoric：	レトリック（修辞法）が巧み
Aspiration :	熱い思いや信念が伝わる
Nature :	書き手の人となりが伝わる

出典：グロービス経営大学院『グロービスMBAビジネス・ライティング』ダイヤモンド社

コツ・留意点

1 人気作家、マルコム・グラッドウェルは、ティッピング・ポイント（臨界点）を超え、世の中に大きなうねりを生み出すためには、メッセージの粘り（SUCCESs）とともに、少数者の法則と背景の力が必要と説きました。少数者の法則とは、そのメッセージを伝える上で、最初に起点となる人が重要ということです。これは組織変革にも当てはまります。背景の力とは、人々が自然に一定の行動をとりたくなるような、無言の圧力を与える状況を設定すること、あるいはそうした環境・状況を利用することです。メッセージの粘りに、こうした要素が絡まった時に、社会や組織の中に大きなムーブメントが生じるのです。

2 毎回SUCCESsのすべてを満たせれば言うことはありませんが、通常それは難しいものです。6つすべてを追っていたずらに時間を消費してしまうよりも、ケースバイケースで、3つ、あるいは4つをしっかり盛り込む方が実践的です。なお、筆者は、『グロービスMBAビジネス・ライティング』において、メッセージを印象付けるための6つの要素を「INFRAN」という形にまとめました（図表47-2）。こちらも実践的で有効ですので、参考にしてください。

7章

その他上級編

7 章で学ぶこと

最終章の本章では、これまでの6章に収めきれなかった重要な用語について説明をします。人間の情報処理力に関する言葉もあれば、特定の産業に関する法則もあるなどバラエティに富んでいますが、現代を生きるビジネスパーソンにはぜひ意識しておいていただきたい項目群です。

まず、**マジックナンバー4±1**は、人間の脳の情報処理能力と絡んだ法則です。かつてはマジックナンバー7±2と言われていた時代もありますが、近年では、人間の情報処理能力はもっと小さかったということが示されています。効果的なコミュニケーションをとったりする上で、ぜひ意識しておきたいものと言えるでしょう。

Less is Moreの法則は、もともとの言葉自体はドイツの建築家ミース・ファン・デル・ローエが提唱したとされています。本来の意味は、「少ない方がかえって豊か」ということでしたが、ビジネスの世界では拡大解釈をして、往々にしてインプットを少なくした方が、アウトプットが大きくなるといった意味合いで用いられます。人間は意外と加えることは得意でも、削ぎ落とすことを苦手とします。最大効果を得るためにどう絞り込むかは大きな課題と言えるでしょう。

ムーアの法則は本書の中で、唯一、特定製品、特定業界にフォーカスした法則です。その意味では汎用性は小さいようにも思われますが、この法則が成り立ち続けてきた背景を知ると、人類の英知というものを感じることができるはずです。そんなことも意識しながら読んでみてください。

いよいよ本書もあと３項目となりました。書籍の最後は往々にして流し読みになってしまうものですが（これも一つの法則、傾向と言えるでしょう（笑））、ぜひ最後まで集中力を切らさずに目を通していただければと思います。

48 マジックナンバー4±1

人間が短期的に記憶できるのは、3個から5個（4±1個）のものまでであるという法則。

分野 ▶ クリティカル・シンキング、マーケティング

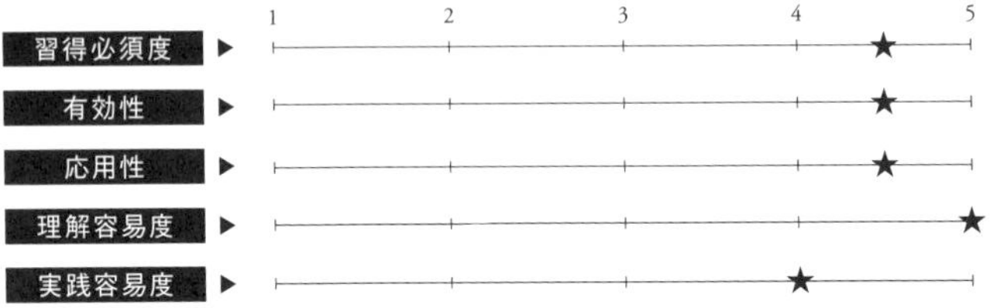

基礎を学ぶ

活用／意識すべき場面

- 部下に指示を出す際に多すぎないか確認する
- 人を説得する時の根拠として最も効果的なものを選ぶ
- マーケティングメッセージなど、多くのことを語りすぎていないかをチェックする
- コンテンツを作る際に、人に覚えてもらいやすい目途とする

考え方

本項のタイトルを見て「おや？　マジックナンバーは7±2では」と思われた方も多いかもしれません。

実際、かつては、人間が短期に記憶できる容量は、「マジックナンバー7±2」と言われることが一般的でした。これは、認知心理学者ジョージ・ミラーが1950年代に「The Magical number seven, plus or minus two: some limits on our capacity for processing information」（魔法の数字の7±2が人間の情報処理の限度）とい

図表48-1 マジックナンバー7±2からマジックナンバー4±1へ

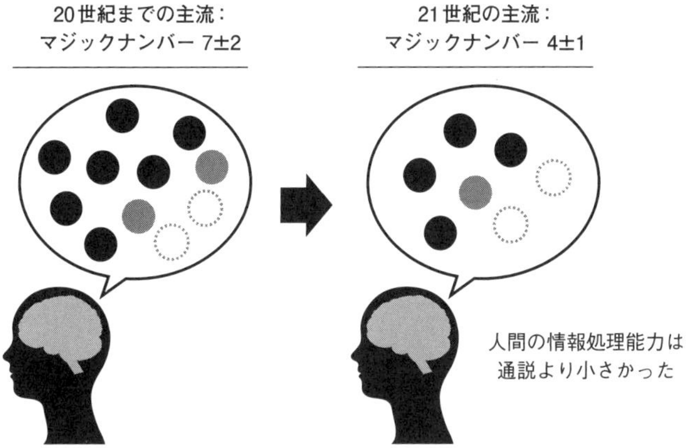
20世紀までの主流：
マジックナンバー 7±2
21世紀の主流：
マジックナンバー 4±1
人間の情報処理能力は
通説より小さかった

う論文で発表したものです。この論文の影響は強く、現代でもマジックナンバーは7±2と思われている方が多いでしょう。

しかし、その後、さまざまな検証実験を通じて、近年では4±1の事柄が、人間が処理できる情報量であるとの主張が強くなってきています。これについては個人差も大きく、また、現実に7±2を意識しているケースもまだ多いのですが、本書では、近年の検証結果の方を重視し、項目のタイトルも「マジックナンバー4±1」としています。

なお、ここで4つあるいは7つといっているのは、情報のバイト数（容量）ではなく、厳密に言えばチャンクと呼ばれる「意味を持つ塊」の数のことです。例えば、4人の名前、4つの場所、4つの品物、4つの漢字、4桁の数字などがこれに該当します。最初の「名前」と最後の「数字」では容量はかなり違いますし、現実に多少の差はあるのですが、情報処理をする上ではチャンクの方が重要です。

もともと7±2という見解が優勢だった背景には、世の中に「7つの○○」（例：7つの海など）といった表現が多かったことや、電話番号の市外局番以外が概ね7桁から8桁だったという事情があるようです。

ただ、実感値としても、7つから9つもの事柄を並列的に覚えるのは極めて大変です。そうした比較的大きな数は、2つか3つのグループにブレークダウンされて記憶されていることがほとんどです。

例えば組織分析の著名なフレームワークに7S（Strategy、Structure、System、Shared Value、Style、Staff、Skill）がありますが、多くの人はそれをすべて並列で覚えているわけではありません。7Sを3つのハードSと4つのソフトSに分け、それぞれを覚えるという形で7つという大きなチャンクを処理しているのです。

マジックナンバー4±1はさまざまな場面に応用可能ですが、特に他人に物事を伝える際には意識しておくと有効です。

事例で確認

マジックナンバー4±1が強く意識されているのはビジネスフレームワークでしょう。環境分析の3C分析や、マーケティングの4P、ポーター教授の5つの力分析など、多くのフレームワークは概ね3〜5つの要素で物事を考えます。それ以上の数になると、改めてチャートを見ないと思いだせないものが増えます。もしくは、上述の7Sのように容易にグルーピングできる必要があります。

マジックナンバー4±1の代表的なフレームワークを図表48-2に示しましたので参考にしてください。

図表48-2 マジックナンバー4±1の代表的フレームワーク（戦略・マーケティング分野）

- **PEST**（Politics、Economy、Society、Technology）
- **5つの力**（買い手の交渉力、売り手の交渉力、業界内の競争、新規参入の脅威、代替品の脅威）
- **3C**（Customer、Competitor、Company）
- **3つの基本戦略**（コストリーダーシップ、差別化、集中）
- **ビジネスモデル**（顧客提供価値、利益方程式、主要業務プロセス、主要経営資源）
- **VRIO**（Value、Rarity、Imitability、Organization）
- **4P**（Product、Price、Place、Promotion）
- **AIDA**（Attention、Interest、Desire、Action）
- **イノベーター理論**（イノベーター、アーリー・アダプター、アーリー・マジョリティー、レイト・マジョリティー、ラガード）
- **ブランド・エクイティ**（ブランド認知、知覚品質、ブランド・ロイヤルティ、ブランド連想）
- **地位に応じた戦略**（リーダー、チャレンジャー、フォロワー、ニッチャー）
- **PDCA**（Plan、Do、Check、Action）

コツ・留意点

1 頭の良い人がかえって陥りがちなのがこのマジックナンバー4±1の法則です。なぜなら、彼らは記憶力が良いがゆえに、「他人もこのくらいは覚えられるだろう」と錯覚するからです。しかし、世の中の多くの人はそこまで優れた情報処理能力を持ち合わせていません。おそらく、6つ、7つのことを同時に言われても、1つか2つは忘れてしまうでしょう。自分自身を基準に考えるのではなく、あくまで世の中一般の常識に合わせるのが、特に人に何かを伝える際には重要です。どうしても6つ以上のことを伝える必要がある場合には、本文中にも示したように、明確にグループ化して伝えることで、相手の情報処理能力の範囲に収めてあげる配慮が必要です。

2 マジックナンバー4±1を超える事柄を覚えてもらう他の工夫としては、何かと関連付けながら伝えるというものがあります。市外局番以降の電話番号が8桁でも覚えられるのは、それを語呂として覚えたり、4拍子のリズムとして覚えることがしやすいからです。語呂はビジネス用語でも活用されています。218ページのSUCCESsはまさにその例と言えるでしょう。

49 Less is Moreの法則

しばしば、少ないインプットに絞った方がアウトプット(効果やリターン)が大きくなるという法則。

分野 ▶ クリティカル・シンキング、マーケティング

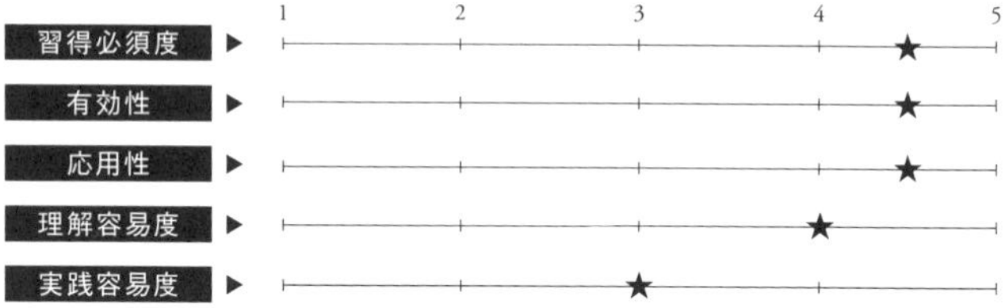

基礎を学ぶ

活用／意識すべき場面

- 伝えるべき内容を絞り込む
- 深さと頻度の最適バランスを検討する際のヒントとする
- 広告表現やコンテンツ作成のヒントとする
- キャリアデザインに活かす

考え方

多くのケースで、アウトプットはインプットに比例する、もしくは増やせば増える（More is More）という関係があります。例えば英語などの言語に関する能力は、概ねその学習や実践に費やした時間に比例して向上します。

一方で、増やさずに絞り込んだ方が効果が上がるという現象がしばしば観察されます。これがLess is Moreの法則です。226ページで紹介したマジックナンバー4±1とも関連する傾向です。人間の情報処理の能力には限界がありますから、あまりたくさんのことを同

図表49-1 Less is Moreの法則

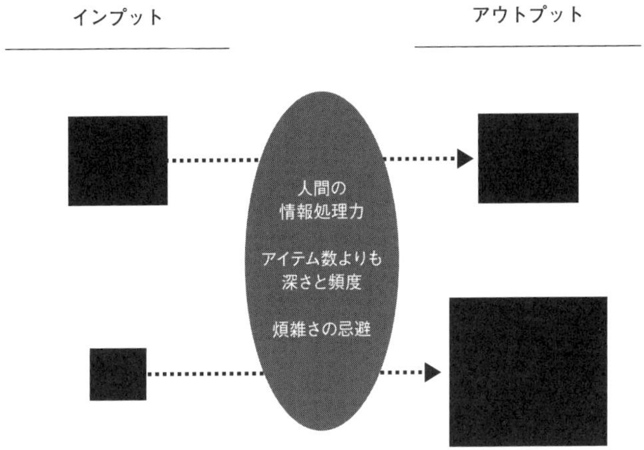

時に打ち出さない方が、良い結果をもたらすのです。

例えば、経営者が重点を置く戦略を語る際、あまりにたくさんのことを従業員に伝えても、彼らにはなかなか伝わりません。むしろ、その年の戦略重点項目を2つか3つ程度に絞り込み、それを何度も何度も繰り返し伝える方が、従業員の記憶にも残りますし、実際に戦略浸透には効果的です。例えば、かつてGEが品質向上を戦略の軸に定めたとき、当時のCEOだったジャック・ウェルチは、口を開くたびに「シックス・シグマ」ということを話しました。その回数は何十万回にも及んだとも言われています。

別の例では俳句がその例に相当します。俳句は日本人にはお馴染みの17文字の定型詩です。17文字という極端な制限があるため、伝えられる内容にはおのずと制約がかかります。しかし、だからといって俳句の伝える内容が他の自由詩に比べて少ないかといえばそんなことはありません。むしろ、短いがゆえに冗長な部分を削ぎ落とし、本質を捉えた表現の工夫の必要性が生じるのです。当然、聞き手にとっても覚えやすくなります。

戦前戦後の現代俳句の旗手の一人、西東三鬼の代表句に、「おそるべき君等の乳房夏来る」があります。これを文字数を費やして伝えようとすると、かえって冗長であったり下品になる可能性が高まります。この17文字に絞ることで、最大限の効果を上げていると言えるでしょう。俳句に限らず、日本の伝統文化には「省略の美」とでも言うべき美学が存在します（90ページのツァイガルニック効果も参照）。茶道や能楽などがその例と言えるでしょう。これは現代のコンテンツ制作にも大きなヒントとなるはずです。

Less is Moreはキャリアビルディングのヒントにもなります。同時並行的にあまりたくさんのものを追い求めることは、しばしば成功の可能性や満足度を下げてしまいます。自分のやりがいを意識した上で、シンプルな目標を追う方が、成功確率も上がり、精神的にも豊かな人生を手に入れられる可能性が高くなることも多いのです。

事例で確認

219ページの記憶に残りやすいメッセージの伝え方の一要素に「単純であること」（Simple）がありました。プレゼンテーションでは、これ以外にもシンプルさを強調するフレーズが多数あります。その代表が、KISSの法則でしょう。これは“Keep it simple, stupid”（簡単にしろよ、この間抜け野郎）の頭文字をとったものです。経験則として、単純にする方がプレゼンテーションでは効果的なことが昔から知られていたのです。

筆者が教鞭をとるグロービス経営大学院でもLess is Moreは強調されます。1回のクラスであまりに多くのことを教えようとするよりも、あるポイントに絞って徹底的にそれに関して議論する方が、学生の頭には残りやすいのです。

図表49-2 「省略の美」

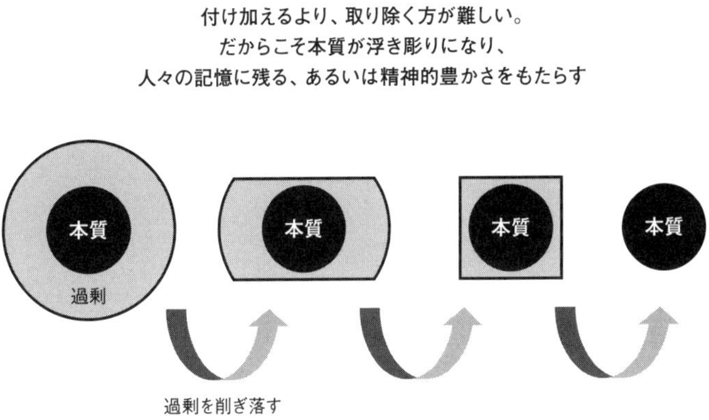
付け加えるより、取り除く方が難しい。
だからこそ本質が浮き彫りになり、
人々の記憶に残る、あるいは精神的豊かさをもたらす
本質
過剰
本質
本質
本質
過剰を削ぎ落す

コツ・留意点

1 Less is More は非常に示唆に富む法則ですが、当然、常にそれが成り立つというわけではありません。本文中に示した語学の学習のように、多いほど効果的というケースも少なくありません。たとえば、部下に対するフィードバックやコーチングもその例です。一般的に、日本企業ではこれらが少なすぎるのが現状です。その結果、年度末の査定の際に突然好ましくないフィードバックを突き付けられて、困惑したり怒りを露わにする部下が出てくる、ということになるのです。もちろん、費用対効果という側面もあるので、上司が無制限にフィードバックやコーチングに時間を使えるわけではありませんが、これらは多すぎてマイナスになることは少ないとされます。Less is More が通じる場面と通じない場面の峻別は難しいものがありますが、経験による学習や情報収集、さらには想像力を働かせることで、適切に判断することが望まれます。

2 Less is More は「少ないことは豊かである」と訳される場合もあります。余計なものを取り除き、大切なもの（とくに精神的なものや体験）にフォーカスすることが、より豊かな人生につながるという意味合いです。

50 ムーアの法則

半導体の集積密度は18〜24カ月で倍増するという経験則。インテルの創始者であるゴードン・ムーア博士が提唱した。

分野 ▶ テクノロジー・マネジメント

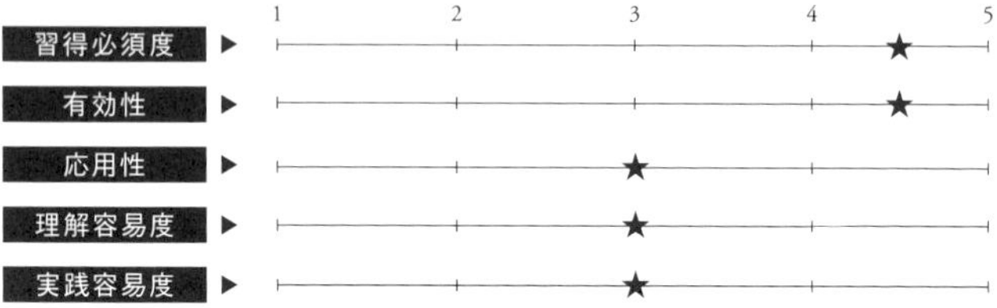

基礎を学ぶ

活用／意識すべき場面

- 未来のコンピューティングパワーを予測し、自社のビジネスモデルや経営戦略を構想するヒントにする
- 半導体関連企業が自社の戦略を構築する上での前提とずる
- 他の業界が、業界としての協力関係構築のヒントとする

考え方

ムーアの法則は、ムーア博士によって1965年に提唱されたものです。この法則は半導体の微細加工技術の発展を主要因としています。

ムーアの法則のポイントは、**図表50-1**からもわかるように、半導体の性能が指数関数的に伸びていくことです。現実には、半導体の集積密度（トランジスタ数と比例）だけを見れば、その向上ペースはムーアの予想よりも鈍化していますが、1平方センチメートルあるいは1ドルあたりの性能の向上という観点では、この法則が提唱されてから約50年間、概ね的中してきました。

図表50-1 ムーアの法則

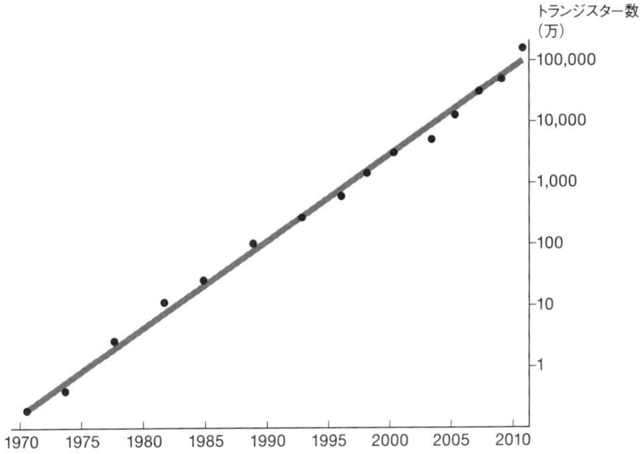

出所：インテル社資料より作成

この法則に則った半導体の進化により、例えば2016年現在、1台のスマートフォンの計算能力が、かつてのアポロ計画に用いられた全コンピュータの合計の計算能力を上回るようになったのです。ビジネスに限らず、現代の生活が半導体なしには成り立たないことを考えると、この法則が50年間続いてきたことが人類にもたらした恩恵は非常に大きかったと言えます。

この法則は、半導体メーカーだけではなく機器メーカーや部品メーカーにも大きな恩恵を与えました。彼らにとっては、戦略構築上、求められる製品スペックの予測が非常に大事だからです。CPUがその典型ですが、それを設計してから市場導入するまでには何年かの期間を要します。もし設計時に将来求められる計算能力を読み間違えてしまうと、市場が成熟していなかったり、逆に強烈な陳腐化に見舞われ、莫大な赤字を出してしまうことになりかねません。ムーアの法則を、業界全体が統一見解として持ち、それを実現するために時にはコンソーシアム（**図表50-2**参照）を作るなど協力してイノベーションを起こすことで、提供者達は利益を得てきたのです。このように、「業界の参加者が、競争しながらも協力して予測を実現させてきた」という点は、他業界にとってもヒントとなる部分が大です。

なお、過去に何度か「ムーアの法則もそろそろ限界では」と言われることがありましたが、そのたびに何かしらのイノベーションが起こり、2016年現在にいたるまでムーアの法則は維持されてきました。これがあと何年続くのかは専門家の間でも意見が分かれるところですが、2020年代までは続くとの見方が多いようです。

事例で確認

業界全体が協力して起こした新しいイノベーションの例としては、IBMが2015年に発表した、回路線幅が7ナノメートル（ナノは10億分の1）のチップの試作品開発があります。この技術は、それまでの14ナノメートル技術から大きく飛躍したもので、ムーアの法則の終わりを2018年まで引き延ばすことが期待されています。

具体的なイノベーションとしては、シリコン材料の改良がありました。理論的にシリコンだけでは7ナノメートルの幅で電流を流すのは至難の技だったのですが、IBMはシリコンとゲルマニウムの合金を採用することでこの問題を解決したのです。

もう1つのイノベーションは、波長13.5ナノメートルの極端紫外線（EUV）をエッチングのための光源に用いたことです。プロセッサの製造にあたっては、強力なレーザーを用いて細かい回路を刻んでいくのですが、その限界は光の波長により決まります。13.5ナノメートルという波長は、それまで用いていた光線の波長を劇的に短くするものでした。

このプロジェクトにはIBMだけではなく、サムスン電子を始めとする多くの企業が参画した点がポイントです。

図表50-2 コンソーシアムの例：G450C

インテル、IBM、サムスン電子、グローバル・ファウンドリー社などが
450mm対応露光装置の要素技術を装置メーカーと
共同開発するために2011年に立ち上げたコンソーシアム

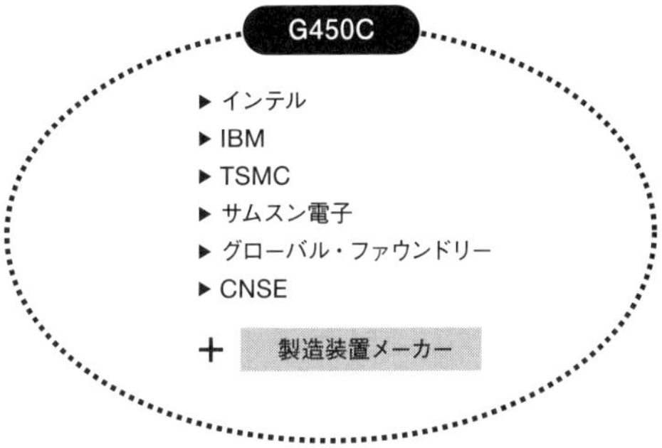

コツ・留意点

1 ムーアの法則は、基本的に半導体というハードウェアの進化に当てはまる法則であり、ソフトウェアの進化については、ムーアの法則のような劇的な指数関数的進化は見られていません。理由としては、ソフトウェアの開発は、機能を増すにつれてどんどん複雑になっていくからです。言い方を変えると、ソフトウェアの進化の方が、さまざまなサービスの機能向上のボトルネックになるということです。ただし、半導体の進化には及ばないとはいえ、ソフトウェアの進化も目覚ましく、新しいITベンチャーや便利なサービスを生み出してきたのは周知の事実です。

2 ムーアの法則が通じなくなる時代がいつなのかを正確に予測することはできませんが、仮にその時代が到来すると、業界構造に激変が起こり、現在のインテルに代表されるトップ企業が入れ替わることも予想されます。一般企業にとっても、ITが経営戦略と切り離せなくなっている現在、その動向をある程度ウォッチしておくことの重要性は、他のソフトウェアや機器の進化予測の重要性と合わせ増しているのは間違いありません。

おわりに

50個の項目を読み終えられてどのような感想を抱かれたでしょうか。おそらく、「知らないものが多かった」「何となくは知っていたけれど、初めて本当の意味合いや、その原理を知ったものが多かった」という方が多数派ではないでしょうか。

実は筆者自身、本書を書くにあたって、改めて文献等を調べる中で、「これってこんな意味や用法もあったんだ」という発見をするものも決して少なくはありませんでした。

本書を書き進める中で、『グロービスMBAキーワード　図解 基本フレームワーク50』で紹介したようなビジネスフレームワーク以上に、ビジネスに関する法則やメカニズム、傾向というものはしっかり紹介されていない、あるいは誤解されて伝わっているということを強く実感したものです。

逆に言えば、だからこそ、こうしたことがらを理解し、活用することは、単に仕事の効率を増すだけではなく、ライバルと差をつけるチャンスにもなるということです。本書では紙面の関係もあって説明しきれない部分も当然あったのですが、お仕事との関連上、強く関心を持たれた分野については、ぜひさらにご自身で調べていただき、実務に活用されることをお勧めします。

本書を書きたいという思いを持ったきっかけは「はじめに」でも触れましたが、もう1つ理由を付け加えるとすると、こうした項目群をビジネスパーソンが活用し易い形で紹介した類書がほとんどないという事情がありました。全くゼロではないのですが、筆者がイメージするような書籍は存在しませんでした。

「世の中にそうした本がないのなら、自分で書いてしまえ」というのがグロービスのポリシーです。その中で、実際に本書を書く機会を得られたことは筆者にとって非常に幸運でした。

内容に関しては、なるべくビジネス全般にわたって網羅するとともに、読みやすさには拘ったつもりです。その効果がどこまであったかは読者諸氏の評価に委ねるしかありませんが、これは面白かった、役に立つと思っていただけたとしたら幸いです。

さて、本書は正しく使えば必ずビジネスのお役にたつはずですが、ビジネスは奥行きの深い世界です。さらに体系的に学習されたい方は、ダイヤモンド社より発行されている「グロービスMBAシリーズ」の書籍を読まれることをお勧めします。20年にわたるベストセラーシリーズであり、日本のビジネス教科書の代名詞でもあります。

さらに学習を進められたい方は、実際に経営大学院で学ぶのもいいでしょう。世界のビジネスリーダーが経営大学院でMBA（経営学修士）を取得している昨今、その価値はますます向上しているはずです。

我々グロービスでは、2年間の経営大学院のみならず、アラカルト方式のクラスや、オンラインのでの学習の機会、あるいはグロービス知見録（www.globis.jp）といった学びのWEBサイト・アプリも用意しています。ぜひそうした学びの機会も積極的に活用いただければと思います。

最後になりますが、多くの人が本書を手に取られ、ビジネスリーダーへの飛躍の一助にしてくださることを切に願っています。

グロービス出版局長　嶋田毅

参考文献

全般

グロービス経営大学院　『グロービスMBAマネジメント・ブック改定3版』ダイヤモンド社、2008年
グロービス経営大学院　『グロービスMBAクリティカル・シンキング改定3版』ダイヤモンド社、2012年
グロービス経営大学院　『グロービスMBAクリティカル・シンキング　コミュニケーション編』ダイヤモンド社、2011年
グロービス・マネジメント・インスティテュート　『MBA経営戦略』ダイヤモンド社、1999年
グロービス経営大学院　『グロービスMBA事業戦略』ダイヤモンド社、2013年
グロービス経営大学院　『新版グロービスMBAリーダーシップ』ダイヤモンド社、2014年
グロービス経営大学院　『新版グロービスMBAファイナンス』ダイヤモンド社、2009年
グロービス経営大学院　『グロービスMBAビジネス・ライティング』ダイヤモンド社、2012年
グロービス・マネジメント・インスティテュート　『MBA定量分析と意思決定』ダイヤモンド社、2003年
グロービス・マネジメント・インスティテュート　『MBAゲーム理論』ダイヤモンド社、1999年
グロービス経営大学院　『バイアス』グロービス電子出版、2014年
水野俊哉　『「法則」のトリセツ』徳間書店、2009年

1章

イゴール・アンゾフ　『アンゾフ戦略経営論』中央経済社、2007年
N.グレゴリー マンキュー　『マンキュー経済学〈1〉ミクロ編』東洋経済新報

社、2005年
E.M. ゴールドラッド 『ザ・ゴール』ダイヤモンド社、2001年

2章

芳賀繁 『事故がなくならない理由《わけ》：安全対策の落とし穴』PHP新書、2012年
小室直樹 『国民のための経済原論 1』カッパビジネス、1993年

3章

日経トレンディネット 「牛丼のジレンマ なぜ低価格戦争が終わらないのか」2011年2月21日
田岡信夫 『ランチェスター販売戦略』サンマーク出版、1992年
Michel Fortin 他 "Advertising Titans! Vol 2: Insiders Secrets From The Greatest Direct Marketing Entrepreneurs and Copywriting Legends" Amazon Services International, Inc.、2015
シーナ・アイエンガー 『選択の科学』文藝春秋、2014年
Ovsiankina : Die Wiederaufnahme unterbrochener Handlungen. In: Psychologische Forschung 11(3/4), 302-379. 1928
F,F.Reichheld, W.E.Sasser Jr. "Zero defections: Quality comes to Services." Harvard Business Review Sept/Oct 1990

4章

神樹兵輔 『面白いほどよくわかる 最新経済のしくみ―マクロ経済からミクロ経済まで素朴な疑問を一発解消』日本文芸社、2008年
ロバート・スティーヴン・カプラン 『ハーバードの"正しい疑問"を持つ技術』CCCメディアハウス、2015年
Pluchino, Alessandro; Rapisarda, Andrea; Garofalo, Cesare (2009), "The Peter Principle Revisited: A Computational Study"
ラム・チャラン他 『リーダーを育てる会社 つぶす会社』英治出版、2004年
黒田明伸 『貨幣システムの世界史』岩波書店、2014年
ハーバート. A. サイモン他 『オーガニゼーションズ 第2版―現代組織論の原典』ダイヤモンド社、2014年

J.P. コッター 『リーダーシップ論』ダイヤモンド社、1999年
Hardin, Garrett、1968年12月13日「The Tragedy of the Commons」『Science』162巻3859号
ロバート・ケリー 『指導力革命――リーダーシップからフォロワーシップへ』プレジデント社、1993年
エリック・G・フラムホルツ他 『アントレプレナー　マネジメント・ブック』ダイヤモンド社、2001年

5章

ロバート・チャルディーニ 『影響力の武器［第三版］』誠信書房、2014年
『田中角栄という生き方（別冊宝島2183）』宝島社、2014年
LiveScience「Taller People Earn More Money」July 11, 2009
トーマス・ブラス 『服従実験とは何だったのか　スタンレー・ミルグラムの生涯と遺産』誠信書房、2008年

6章

レオン・フェスティンガー 『認知的不協和の理論　社会心理学序説』誠信書房、1965年
ロジャー・フィッシャー他 『ハーバード流交渉術』三笠書房、1989年
ウィリアム・ユーリー 『ハーバード流“NO”と言わせない交渉術』三笠書房、2010年
ダニエル・カーネマン 『ダニエル・カーネマン心理と経済を語る』楽工社、2011年
Roeckelein, J. E. (2006). Elsevier's Dictionary of Psychological Theories. Elsevier. p. 147
Mehrabian, A (1968) Communication without words, Psychological Today, 2, 53-55
チップ・ハース、ダン・ハース 『アイデアのちから』日経BP社、2008年

7章

スーザン・ワインチェンク 『インタフェースデザインの心理学―ウェブやアプリに新たな視点をもたらす100の指針』オライリージャパン、2012年

高山正實　『ミース・ファン・デル・ローエ 真理を求めて』鹿島出版会、2006年
エベレット・ロジャーズ　『イノベーションの普及』翔泳社、2006年

著者

グロービス

ヒト・カネ・チエの生態系を創り、社会の創造と変革を行なっている。
グロービスには以下の事業がある。(http://www.globis.co.jp/)

- ●グロービス経営大学院
  - ・日本語(東京・大阪・名古屋・仙台・福岡・オンライン)
  - ・英語(東京)
- ●グロービス・コーポレート・エデュケーション
  (法人向け人材育成サービス/日本・上海・シンガポール・タイ)
- ●グロービス・キャピタル・パートナーズ(ベンチャーキャピタル事業)
- ●グロービス出版(出版/電子出版事業)
- ●「GLOBIS 知見録」(ビジネスを面白くするナレッジライブラリ)

その他の事業:

- ●一般社団法人 G1サミット(カンファレンス運営)
- ●一般財団法人 KIBOW(震災復興支援活動)

執筆者

嶋田毅(しまだ・つよし)

グロービス電子出版編集長兼発行人、グロービス出版局長、GLOBIS 知見録編集顧問、グロービス経営大学院教授。

東京大学理学部卒業、同大学院理学系研究科修士課程修了。戦略系コンサルティングファーム、外資系メーカーを経てグロービスに入社。累計150万部を超えるベストセラー「グロービスMBAシリーズ」のプロデューサーも務める。著書に『グロービスMBAキーワード　図解 基本フレームワーク50』『ビジネス仮説力の磨き方』『グロービスMBAビジネス・ライティング』(以上ダイヤモンド社)、『競争優位としての経営理念』『[実況]ロジカルシンキング教室』『[実況]アカウンティング教室』(以上PHP研究所)、『利益思考』(東洋経済新報社)、『ロジカルシンキングの落とし穴』『バイアス』『KSFとは』(以上グロービス電子出版)、共著書に『グロービスMBAマネジメント・ブック』『グロービスMBAマネジメント・ブックII』『グロービスMBAアカウンティング』『グロービスMBAマーケティング』『グロービスMBAクリティカル・シンキング』『グロービスMBAクリティカル・シンキング コミュニケーション編』『MBA定量分析と意思決定』『グロービスMBA組織と人材マネジメント』『グロービスMBA事業開発マネジメント』『グロービスMBAビジネスプラン』『MBAケースブック ビジネス・クリエーション』『ストーリーで学ぶマーケティング戦略の基本』(以上ダイヤモンド社)、『ケースで学ぶ起業戦略』『ベンチャー経営革命』(以上日経BP社)など。その他にも多数の共著書、共訳書がある。

グロービス経営大学院や企業研修において経営戦略、マーケティング、ビジネスプラン、管理会計、自社課題などの講師を務める。グロービスのナレッジライブラリ「GLOBIS 知見録」に定期的にコラムを連載するとともに講演なども行っている。

グロービスMBAキーワード
図解　ビジネスの基礎知識50
――知っていると差がつくワンランク上のセオリー

2016年3月10日　第1刷発行
2016年11月24日　第2刷発行

著　者――グロービス
発行所――ダイヤモンド社
〒150-8409　東京都渋谷区神宮前6-12-17
http://www.diamond.co.jp/
電話／03･5778･7232（編集）　03･5778･7240（販売）
装丁――デザインワークショップジン
本文デザイン―岸 和泉
製作進行――ダイヤモンド・グラフィック社
印刷――八光印刷（本文）・慶昌堂印刷（カバー）
製本――宮本製本所
編集担当――真田友美、山下 覚

ISBN 978-4-478-06833-5

グロービスMBAキーワード
図解　ビジネスの基礎知識50
──知っていると差がつくワンランク上のセオリー

2016年3月10日　第1刷発行
2016年11月24日　第2刷発行

著　者──グロービス
発行所──ダイヤモンド社
〒150-8409　東京都渋谷区神宮前6-12-17
http://www.diamond.co.jp/
電話／03・5778・7232（編集）　03・5778・7240（販売）
装丁────デザインワークショップジン
本文デザイン─岸 和泉
製作進行──ダイヤモンド・グラフィック社
印刷────八光印刷（本文）・慶昌堂印刷（カバー）
製本 ───宮本製本所
編集担当──真田友美、山下 覚

ISBN 978-4-478-06833-5